腹黑帝王 ╳ 陰險逆臣 ╳ 嗜血將領 ╳ 幽怨才女
爾虞我詐的朝堂，日日都在演繹城府較量！

原本以為很正經，

十四史超滑稽？

愛將斂財又強娶民女，宋太祖高明話術打消農民怨氣？
土裡無法撐船的宰相，楊炎因為「外貌協會」被衝康？
比老婆還要更加親暱，「小王」竟然會有這樣的兄弟？
不只是冷冰冰的史書，從內在修養到外在行動，
讓我們打開《二十四史》，一起洞察當中的人生智慧！

龔學剛 著

目錄

目錄

前言

　　歷史，記載著一個民族、國家的誕生和發展的全過程，透過厚重的歷史，可以看到一個民族興亡盛衰，感受它的文化和智慧，榮辱與得失。中華民族一直有著記載歷史的優良傳統，這種優良傳統，使中國幾千年的文明歷史，得以彙集成書，為後代子孫留下了大量珍貴的史籍。

　　在歷史長河中，曾出現過很多史書，但由於當時的種種原因，造成相當一部分史書遺失，湮沒在洪流中，逐漸被人所遺忘。《二十四史》經過歷史的洗禮，在數以萬計的史書中脫穎而出，隨著歷史的腳步而來。《二十四史》是中國古代各朝撰寫的二十四部史書的總稱，全書共三千兩百多卷，約四千多萬字，是經過兩千多年逐漸發展集結而成的。它包括《史記》、《漢書》、《後漢書》、《三國志》、《晉書》、《宋書》、《南齊書》、《梁書》、《陳書》、《魏書》、《北齊書》、《周書》、《隋書》、《南史》、《北史》、《舊唐書》、《新唐書》、《舊五代史》、《新五代史》、《宋史》、《遼史》、《金史》、《元史》、《明史》。這些史書，大多數是官修。其主要目的是以史為鏡，總結前代興衰的規律，引以為戒，用來加強和維護封建統治。

前言

- 《史記》是西漢司馬遷著，它從上古傳說中的黃帝開始，止於漢武帝太史元年，記述了中國長達三千多年的歷史，是中國第一部紀傳體通史。

- 《漢書》為東漢班固著，記事始於漢高帝元年，終於王莽地皇四年，是中國第一部紀傳體斷代史。

- 《後漢書》為紀傳體東漢史，由南朝宋范曄著，記載了東漢光武帝到漢獻帝一百九十五年的歷史。

- 《三國志》由西晉陳壽著，主要記載魏、蜀、吳三國時期的歷史。

- 《晉書》是房玄齡等人受唐太宗的指示修撰而成，是一部官修史書，記載了晉武帝泰始元年到晉恭帝元熙二年共一百五十六年的歷史。

- 《宋書》由南朝梁沈約著，記事始於宋武帝永初元年，終於宋順帝昇明三年，共記載了劉宋王朝六十年的歷史。

- 《南齊書》是南朝蕭子顯著，記載了南齊七位皇帝共二十三年的歷史。《南齊書》原名《齊書》，到了宋代為了區別於李百藥的《北齊書》而改為《南齊書》。

- 《梁書》是唐代姚思廉著，記載了梁武帝蕭衍建國至梁敬帝蕭方智亡國共五十六年的歷史。

- 《陳書》是唐代姚思廉著，記載了陳朝五位皇帝共三十三年的歷史，記事始於陳武帝永定元年，終於陳後主禎明三年。

- 《魏書》是北齊魏收著，記事始於北魏道武帝拓跋珪，終於東魏孝敬帝，共一百七十多年的歷史。

- 《北齊書》為唐代李百藥著，本名《齊書》，宋時才加一「北」字而成今名。它雖以記載北齊歷史為主，但實際上記述了從高歡起兵到北齊滅亡前後約八十年的歷史，集中反映了東魏、北齊王朝的盛衰興亡。

- 《周書》為唐代令狐德棻著。《周書》雖以「周」題名，但實際上記述了從西元五三四年東、西魏分裂到楊堅代周為止四十八年的西魏、北周的歷史。

- 《隋書》為唐代魏徵等著，記載了隋朝三十七年的歷史。

- 《南史》為唐代李延壽著，記事始於南朝宋武帝劉裕永初元年，止於陳後主陳叔寶禎明三年，記述了南朝宋、齊、梁、陳四代一百七十年的歷史。

- 《北史》為唐代李延壽著，記事始於北魏道武帝登國元年，止於隋恭帝義寧二年，包括北魏、東魏、西魏、北周、北齊和隋朝共兩百三十三年的歷史。

- 《舊唐書》為後晉劉昫等著，記事始於唐高祖武德元年，終於唐哀帝天祐四年，是現存最早的系統記錄唐代歷史的一部史籍。

- 《新唐書》為北宋歐陽脩、宋祁等著。《新唐書》記述的歷史時期，大致與《舊唐書》相同，涵蓋了整個唐朝時期。

前言

- 《舊五代史》原名《梁唐晉漢周書》，記錄了梁、唐、晉、漢、周五代的歷史，為北宋薛居正等著。為了區別歐陽脩的《新五代史》，遂改名為《舊五代史》。

- 《新五代史》為北宋歐陽脩著，他用春秋筆法將五代歷史雜糅在一起，成為唐代以後絕無僅有的私修史書。

- 《宋史》、《遼史》、《金史》同為元朝所修，撰者署名是元朝宰相脫脫，其實當時參與編撰的人很多，其中翰林學士歐陽玄出力最多。《宋史》記事始於宋太祖趙匡胤建隆元年，終於南宋末代皇帝趙昺祥興二年，記載了北宋和南宋兩朝三百二十年的歷史。《遼史》記載了遼國兩百多年的歷史，也兼述了遼代建國以前契丹族的歷史。《金史》記事始於金太祖完顏阿骨打建國稱帝到滅亡約一百二十年的歷史。

- 《元史》為明代宋濂等著，記載了自元太祖至元順帝十四朝的歷史。

- 《明史》為清代張廷玉等撰，它是一部紀傳體明代史，記載了自朱元璋洪武元年至朱由檢崇禎十七年共兩百多年的歷史。

《二十四史》全面、系統地記載了中國數千年的歷史，全面展示了歷朝各代的興衰變遷，涉及到了各個歷史時期的政治、經濟、文化、軍事等多方面內容，堪稱中華文明的

百科全書。然而，二十四史卷帙浩繁，其內容博大精深，加上古文晦澀難懂，一般讀者要讀通這些史籍，是有一定困難的。鑑於此，本書精選了大量的歷史故事，從修身、治事、用人、處世、親情五個方面加以歸類整理，用輕鬆明快的白話文展開敘述。除此之外，本書在每篇文章的後面對相應的歷史事件做了客觀的評價，並一一羅列出相應的為人處世的要點、禁忌、啟示。

希望此書能讓讀者更了解歷史的同時，也能感受歷史、思考歷史，以史為鏡，處理好自己與社會的關係。

前言

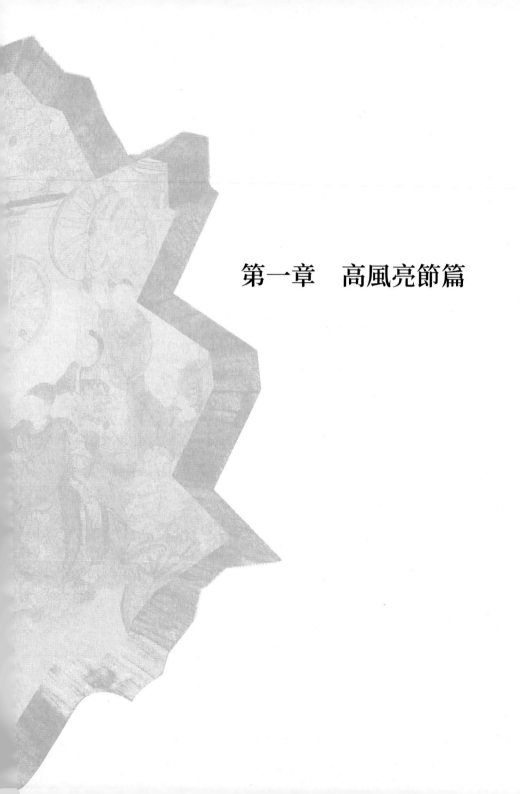

第一章　高風亮節篇

守諾言季布留清史

　　秦朝末年，在楚國有個叫季布的人，他很講義氣，有俠義心腸，只要他答應過的事情，就一定會辦到，人們都很信任他。

　　季布原來是項羽的部下，曾多次獻策，幫助項羽打敗劉邦的軍隊。後來，楚漢相爭結束，項羽兵敗自刎於烏江，劉邦奪取天下，建立了漢朝。劉邦當了皇帝後，懸賞千金，捉拿季布，並通告全國，誰膽敢窩藏季布，就誅其三族。

　　季布得知消息後，躲到了濮陽 [001] 周氏家裡。周氏十分仰慕季布，便對他說：「漢王懸賞千金要捉拿將軍，我推測很快就會追到這裡了，我有個辦法，可以幫助將軍躲過災禍。將軍是否願意聽呢？」季布點了點頭，同意了。周氏剃光了季布的頭髮，戴上枷鎖，又替他穿了一身破爛的衣服，然後讓他坐到運貨的大車裡，和自己家裡的十幾個家童一起被送到魯國朱家，當成奴僕把他們賣了。朱家知道其中有季布，就買了他們。朱家讓季布在田間勞動，並指著季布對兒子們說：「以後田裡不論大小事物都要徵求他的意見。吃飯的時候，我們吃什麼，他就吃什麼，不能有一點怠慢。」

　　然後，朱家就乘車趕往洛陽 [002]，拜見夏侯嬰。夏侯嬰與

001　濮陽：今河南濮陽市。
002　洛陽：今河南洛陽市。

朱家私交甚好，兩人交杯換盞，氣氛十分融洽。趁著酒酣耳熱之際，朱家問夏侯嬰說：「季布到底犯了什麼罪，皇上為何非要抓捕他呢？」夏侯嬰說：「當年漢王與項羽爭奪天下的時候，季布多次隨項羽圍困漢王，皇上至今還十分痛恨他，所以要追捕他。」朱家又問夏侯嬰說：「您覺得季布是個什麼樣的人呢？」夏侯嬰想了想說：「季布是個賢能之人。」朱家說：「身為一個臣子，應該誓死為自己的君主效勞。季布幫助項羽圍困漢王，這是他應該做的。再說，屬於項羽的舊部就該殺嗎？漢王剛剛奪取天下，人心不穩，他不著手治理國家，反而為了個人恩怨花那麼大的力氣去追捕一個人，這難道不是在告訴天下人他沒有器量嗎？」如果漢王就這麼一直追捕下去，憑季布這樣的人，不是向北奔逃匈奴，就是向南投靠南越！只因心懷記恨，卻無意中把一名賢才讓給了敵國，這真是太不明智了！您應該多勸勸皇上，不要再追究季布的罪責了。」

夏侯嬰知道朱家忠肝義膽，深明大義，一聽他這麼說，就猜出季布正藏在他的家裡。於是就答應說：「我答應你勸勸皇上。」後來，夏侯嬰找了個機會，把朱家的意思傳達給了高祖。高祖聽後，也覺得十分有道理，不僅赦免了季布，而且還封他做了官。後來，季布又調任河東[003]太守。

003　河東：代指山西。

　　季布有個同鄉叫曹邱生，此人能說會道，憑著一張巧嘴，攀附權貴，撈了不少錢。他聽說季布當了大官，就去拜見季布。季布十分看不起曹邱生，準備等他來了，數落他一頓。誰知，曹邱生一見季布，還沒等他開口，就先朝他鞠了一躬，然後說：「楚地流傳這樣一句話：『黃金百兩，不如季布一諾。』您在楚地有這麼大的名聲，靠的是什麼？靠的是大家的宣揚。我是楚國人，您也是楚國人，只因為我們是同鄉，我才到處宣揚您啊。您為什麼要拒絕我呢？」季布聽了，覺得有道理，就留下曹邱生住了幾個月，待為上賓。後來，季布的名氣越來越大，與曹邱生的宣揚有很大關係。

【故紙揮塵】

　　假如一個人言而無信，失信於其他人。那麼就算他再有能力，也不會得到別人的重用。因為在誠信方面都會犯錯的人，難免會犯其他方面的錯誤。誠實守信也是一種美德，當一個人光明磊落、做事踏實、說到做到，那麼他所吸引來的朋友、合作者也會是這樣擁有美德的人群。試問，誰不願意和這樣的人交往呢？人人都希望別人做到忠實於事物本身，不虛假、不趨炎附勢、不投機取巧，可是自己又真正做到了嗎？想要別人這樣做的條件只有一個，那就是君子獨善其身，做一個信守諾言

的人。這是社會的需要，也是做人的基本要求，更是人
們所不斷追求的美德之一。

肅軍營周亞夫守法

　　周亞夫是西漢開國功臣周勃的次子。周勃病逝後，由長
子周勝繼承其爵位，並與公主成婚。但周勝與公主一直感情
不和，後來又失手殺人，其爵位因此被廢除。過了一段時間
後，漢文帝又念及周勃有功，便封很賢明的周亞夫為列侯。

　　過了幾年，匈奴老單于病死，新繼位的單于不顧先父與
漢朝定下的和親盟約，興兵大舉進犯漢朝邊境。漢文帝收到
急報，忙調集三路兵馬，派將統領，前往邊境支援。援軍奔
赴前線後，漢文帝仍然放心不下，擔心萬一戰事不利，會
造成京都恐慌，於是派周亞夫率兵鎮守細柳[004]，劉禮吞併灞
上[005]，徐厲駐軍棘門[006]。內外戒嚴，攻守皆備，漢文帝這才
覺得稍微安全了些。

　　過了幾天，漢文帝為了鼓舞士兵，決定親自慰問三軍。
他先來到灞上，不准侍衛通報，徑直入營。將士們見皇帝親
臨，深感榮幸，都出來迎接，漢文帝僅僅撫慰了幾句，就退

004　細柳：今陝西省咸陽西南。
005　灞上：今陝西省西安市東。
006　棘門：今陝西省咸陽東北。

出前往棘門。棘門的守軍見皇帝的馬車來了，忙大開營門，讓馬車直接進入營地。徐厲正在帳中用飯，得知漢文帝已經開始巡視營地，才急忙出來迎接。漢文帝看在眼中，也沒有責備他，照例撫慰了數語，便離營而去。

等漢文帝來到細柳軍營面前時，遠遠看見營門內外，將士們身穿重甲，像雕塑般地站著，手中的兵器寒光凜凜，站崗的守兵張弓挾矢，好像一副隨時準備殺敵的樣子。這是漢文帝從來沒有見過的，不由得暗自驚訝，便命令先行隊傳報，說皇帝車駕到來，要求守營士兵將門打開。誰知，守營士兵卻動也不動，開口拒絕道：「我們只聽將軍的命令，不聽皇上的命令！」先行部隊的人一個個被氣得臉色鐵青，但又無可奈何。

正當雙方相持不下的時候，漢文帝也到了營前，守營士兵卻依然不肯放行。漢文帝取出符節 [007]，交給守營士兵，讓他進去通報。周亞夫這才命人打開營門，讓漢文帝進營。馬車剛進大門，守營士兵又囑咐道：「將軍有令，軍營裡車馬不得奔馳。」漢文帝只好命令侍從讓馬匹緩緩而行。車當周亞夫的中營，這時的周亞夫全副武裝，只朝漢文帝作了一個揖，說：「臣甲冑在身，不便行跪拜之禮，只用軍禮參見，請皇上恕罪。」漢文帝很受感動，也略微俯下身子，作為答

007　符節：中國古代朝廷傳達命令、徵調兵將以及用於各項事務的一種憑證。

禮，並派人傳諭全軍：「皇帝前來犒勞將士們。」漢文帝又囑咐數語，便離開了細柳軍營。

在回宮的路上，漢文帝對相隨的大臣感慨道：「這才是真正的將軍啊！相比之下，灞上、棘門二營的將士就像孩童嬉鬧一樣，簡直不堪一擊，如果匈奴前來偷襲的話，恐怕主將也會被俘虜。匈奴就是想偷襲周亞夫，肯定無隙可乘。如果我朝將軍都能像周亞夫一樣嚴明治軍的話，那敵人還敢來侵犯我們嗎？」

後來，匈奴探子將周亞夫治軍情況報告給匈奴單于，匈奴單于自知不是周亞夫的對手，只好退兵。漢文帝便將各路兵馬，依次撤回，並封周亞夫為中尉 008。

漢文帝臨終時告誡太子說：「將來若有緊急情況發生，一定要讓周亞夫統帥軍隊，不用多疑。」不久，漢文帝便去世了，太子繼位，即漢景帝。

過了幾年，爆發了以吳國為首的七個諸侯國叛亂。漢景帝牢記先帝臨終的囑咐，認為重用周亞夫的機會到了，便命他率領軍隊討伐叛軍。周亞夫認為叛軍現在士氣高漲，不能和他們正面交鋒，不如先讓他們先攻占梁國，我們趁機切斷他們的糧道，使其不占自亂。漢景帝同意了他的計策。

周亞夫當即率軍出發，行至灞上的時候，有一個叫趙涉

008　中尉：官名。負責京都治安的軍事長官。

的人上前攔住道路，向他獻計，建議他攻打洛陽，從偏路進攻叛軍。周亞夫採納了他的計策。當時叛軍正在攻打梁國，梁王與漢景帝是親兄弟，他見叛軍來勢洶洶，知道梁國早晚要失守，便向漢景帝求援。漢景帝便催促周亞夫前去支援，但周亞夫卻堅守不出。他暗中派人截斷了叛軍的糧道，叛軍沒了糧食，軍心大亂，便想撤兵，但退路也被周亞夫截斷了。

　　叛軍幾次想突圍，但都被周亞夫殺退。過了兩天，叛軍發動突然襲擊，佯攻漢軍東南方，殺喊聲震天。周亞夫臨危不亂，當即看出叛軍是聲東擊西之計，便派精銳去防守西北。叛軍果然前來進攻漢軍西北方，由於周亞夫早有準備，叛軍久攻不下，只好撤退。周亞夫抓住機會，下令猛攻叛軍，叛軍大敗而逃。不久，吳王被殺，吳王一死，群龍無首，周亞夫很快就平定了叛亂。

【故紙揮塵】

　　俗話說：「無規矩不成方圓。」如果一支軍隊沒有軍紀，肯定是一盤散沙，沒有絲毫戰鬥力可言。大到一支軍隊，小到一個團隊，只有在人人都遵守紀律的情況下，才能爆發出無窮的力量。所以，身為社會的一分子，我們有必要遵守一些法律法規，知道哪些事情可以

做，哪些事情不可以做，這樣才是善於控制自己的展現。也只有學會控制自己，才能擺脫生活中的一些煩惱，因而走向成功之路。

═ 謀大業劉備三訪賢 ═══════════

東漢末年，天下大亂，紛爭不斷，曹操盤踞朝堂，挾天子以令諸侯；孫權憑藉長江天險，擁兵東吳；漢室宗親劉備勢力最弱，夾縫求生。

一天，劉備的謀士徐庶對劉備說：「南陽[009]有諸葛亮，字孔明，有經天緯地之才，人稱臥龍先生，將軍願意見他嗎？」劉備點頭說：「我渴望得到賢才的輔佐，自然願意見他。但他的才華比得過先生嗎？」徐庶道：「此人曾自比管仲、樂毅，但在我看來，他的才能在管仲、樂毅之上。徐庶不才，是無法與他相比的。」劉備說：「既然這樣，那就勞煩先生去請他來吧。」徐庶搖頭說：「此人是天下奇才，將軍若想用他，必須屈尊去請他。」劉備聽了，也覺得有禮，便備了厚禮，帶著張飛和關羽，前往隆中[010]臥龍崗尋訪諸葛亮。但不巧的是，諸葛亮這天出去了，劉備頗有些失望，只能先回去。

009　南陽：位於河南省西南部，豫鄂陝三省交界。
010　隆中：今湖北省襄陽縣。

　　過了不久後，劉備帶著張飛和關羽前往隆中去請諸葛亮。時值隆冬，天寒地凍。三人騎馬走了一會兒，忽然飄飄揚揚地下起了雪，四周一片迷濛，銀裝素裹。張飛一邊朝手中哈氣取暖，一邊粗聲粗氣對劉備說：「哥哥，這天寒地凍的，都不能行軍打仗，更何況是去找人，我看還是先回去避一避風雪，待改日再來也不遲。」劉備說：「我冒雪前往拜訪，正是要讓孔明知道我的誠意。賢弟若是覺得冷，可以先回去。」張飛說：「我連死都不怕，還會怕冷嗎？我只是替哥哥著想。」劉備說：「那就不要多說了，趕緊趕路吧！」但這次又沒見到諸葛亮，劉備悻悻而返。

　　劉備兩次拜訪諸葛亮，未能得見，心有不甘，準備再次去拜訪諸葛亮。關羽憤憤不平地說：「哥哥親自拜訪他兩次，這個禮節太過分了。想必是諸葛亮徒有虛名，沒有真才實學，故意躲而不見。」張飛也怒氣沖沖地說：「此番不用哥哥親自去，讓小弟去請他，他如果不來，我就用繩子把他捆來！」劉備將兩人責備了一番，又帶著張飛和關羽第三次去拜訪諸葛亮。到了諸葛亮的茅屋，諸葛亮正在午睡。劉備不敢驚動，佇立在屋外等候。一直到諸葛亮自己醒來，發現三人後，急忙出來迎接。

　　進屋賓主落坐後，劉備虛心向諸葛亮請教，諸葛亮侃侃而言，精闢地分析了天下大勢。這就是歷史上有名的「隆中

對」。劉備聽了諸葛亮的一番分析後，驚奇才華，誠懇請他出山輔佐自己，諸葛亮一再推辭。劉備再三懇請，最後竟哽咽落淚。諸葛亮頗受感動，最終答應出山輔佐劉備。

【故紙揮塵】

劉備屈尊三顧茅廬，用他的誠心打動了諸葛亮，決定出山輔佐劉備，最後使劉備建立了蜀國，成就了一番大業。可見人的誠心可以感動萬物。在生活和工作中，真誠是一個人的立身之本，也是做人的基本準則。如果我們能做到真誠對待別人，就一定會贏得別人的心，獲得友誼。有時候，我們只要把自己的利益置之度外，處處替別人著想，那麼面對你如此的真誠無私，即使一個奸惡之徒，他也會表現出對你的恭敬之情。

═ 使西域班超不畏讒 ═══════════

班超，字仲升，是東漢著名的軍事家和外交家。班超是著名史學家班彪的幼子，其長兄班固、妹妹班昭也是著名的史學家。他自幼聰明好學，喜歡讀書，長大後，博學多才，替官府抄寫文書為生，鬱鬱不得志，感慨道：「大丈夫無它志略，猶當效傅介子、張騫立功異域，以取封侯，安能久事筆研間

乎！」於是，班超投筆從戎，並受到漢章帝劉炟（ㄉㄚˊ）的重用。

　　後來，漢章帝派遣班超出使西域[011]，鎮撫西域各國。班超僅僅率領了一千多名漢軍，前往西域，準備進攻不服從朝廷號令的龜茲國[012]，但當時班超手下兵微將寡，想要打敗龜茲國是不可能的。班超思慮一番，決定和漢朝關係很近的烏孫國[013]借兵，為了能順利借到兵，班超奏請漢章帝撫慰他們。漢章帝欣然同意，為了表達自己的誠意，他派李邑護送烏孫國使者回國，並攜帶了大量的禮物送給烏孫國王。

　　生性怯懦的李邑擔心此行路途遙遠，生怕遭到不測。果然，剛走到于闐國[014]邊境，就碰上龜茲攻打疏勒國[015]，殺喊聲震天，血流成河。李邑嚇得魂不附體，急忙找了一個安全地方，躲避戰亂。等驚魂未定的李邑平靜下來後，就開始擔心，如果繼續前進，這一路腥風血雨，倘若碰到一個殺人不眨眼的蠻兵，很可能會要了自己的性命；倘若就此打道回府，聖命未完成，回去恐怕也會有牢獄之災。李邑越想越愁，越愁越恨，如果不是班超爭著立功，自己也不至於淪落

011　西域：是指玉門關、陽關以西，蔥嶺即今帕米爾高原以東、巴爾喀什湖東、南及新疆廣大地區。

012　龜茲國：是中國古代西域大國之一。

013　烏孫國：是東漢時由游牧民族烏孫在西域建立的行國，位於巴爾喀什湖東南、伊黎河流域，立國君主是獵驕靡。

014　于闐（ㄊㄧㄢˊ）國：西域古王國名。即今新疆省和田縣。

015　疏勒國：為西域古國。相當於今新疆之喀什噶爾。

到進退維谷的境地。想到班超，李邑眼前一亮，忽然有了自救之計，他絞盡腦汁，寫了封信給漢章帝，言辭懇切，大意是自己歷經艱難萬幸，抵擋西域，經過一番仔細的考察，覺得開通西域是不可能完成的，不如把投入這裡的人力和物力節省下來，投到別處。接著筆鋒一轉，說班超在西域不思進取，只顧享福，擁妻抱子，早就忘了陛下託付給他的重擔。奏章送入國內，朝廷內一下像發生動亂似的，議論紛紛。

　　班超在朝中的朋友得知這個消息後，馬上修書一封，遣人快馬加鞭前往西域，向班超報信。班超接到信，看完後，對身邊的人慨嘆道：「我沒有曾參的賢明，被別人流言中傷，恐怕要惹陛下猜忌了。」於是，他派人將其自身送回國內，又上疏向漢章帝表明心跡。所幸漢章帝是個明君，他知道班超素來忠心，必然是李邑從中作梗，便下詔斥責他說：「如果班超在千里之外，抱妻擁子，那他手下千餘名將士怎能不思念故鄉而與他同心同德呢？」隨即命令他聽從班超的調度。他又下詔給班超安撫他說：「如果李邑很有能力，你可以留下他替你辦事。」

　　李邑接到漢章帝的命令後，不敢違背，只好動身去疏勒國見了班超。班超不計前嫌，用隆重的禮儀接待了李邑。李邑想班超一定會找他算帳的，沒想到班超像老朋友一樣和他談笑風生，對自己受誣的事隻字不提，心中頓時輕鬆不少。

之後，班超改派別人護送烏孫國使者回國，還善意提醒烏孫國國王按照禮儀，應該派王子去洛陽朝見漢帝，烏孫國國王同意了。

　　班超便打算讓李邑陪同烏孫國王子入都。有的人不服氣，對班超說：「李邑是個卑鄙小人，先前在陛下面前詆毀將軍，將軍一世英名差點葬送他手，如今將軍大可奉詔將他扣留，好出出這口惡氣，而您卻為什麼要放他回去呢？」班超說：「如果把李邑扣留在此，那不就說明我班超是個心胸狹隘之人？正因他為曾經詆毀過我，所以我才讓他返回京都。我一生光明磊落，一心為朝廷出力，難道還會怕別人的汙言穢語嗎？如果我為了洩恨，公報私仇，將他扣留，這就不是忠臣的行為。」

　　眾人聽後，都十分佩服班超寬廣的胸懷。李邑知道後，又感動又羞愧，改正了以前的錯誤，再也沒有詆毀過別人。

【故紙揮塵】

　　班超經營西域三十一年，使西域各國臣服於漢朝，又征服匈奴，為擴大中國疆土做出了卓越貢獻。他本是一介書生，不甘平庸，投筆從戎，最後以其功勞被封為侯。班超之所以能獲得巨大成功，除了他的志向、毅力和勇氣之外，還與他寬容待人有很大關係。生活中，一

個心胸狹窄的人，總會擔心自己吃虧，凡事斤斤計較，為蠅頭小利也要與人爭吵不休，甚至大打出手，這樣必然會招致別人的不滿。人活一世，何其短暫，不如開闊胸懷，寬以待人，多行善事，將愛灑滿世界。

班婕妤善良有美德

　　婕妤並非人名，而是漢代後宮嬪妃的稱呼。班婕妤就是一位姓班的姑娘，她是西漢成帝的妃子。她美貌非凡，生性善良，再加之學識淵博，擅辭賦，是中國著名的女辭賦家之一。

　　漢成帝劉驁是西漢第十二位皇帝，他除了好色之外，還常常不理朝政，將所有政務交給王氏外戚處理，導致王氏一族坐大，後來王莽趁勢崛起，篡國自立。

　　漢成帝喜新厭舊，起先集寵愛於許皇后一身，後來班婕妤遴選入宮，漢成帝見班婕妤身著一襲素衣，明目皓齒，舉手投足款款大方，矜持不做作，婀娜多姿如仙女下界。相形之下，許皇后人老珠黃，風韻不再，後宮佳麗三千也盡失顏色。於是漢成帝移情別戀，開始寵幸班婕妤。班婕妤雖得三千寵愛，卻毫不得意，平易近人，深得婢女的尊敬和喜歡。

一次，漢成帝相邀班婕妤共同乘車巡遊，班婕妤卻始終不同意，她說：「陛下乃九五之尊，四海之內莫非王土，賤妾何德何能敢與陛下同乘一輦[016]？」

班婕妤不過是遵從宮闈禮法，順口而說，但在漢成帝聽來，卻以為這位不食人間煙火的美人似乎是刻意逢迎自己，不由大悅，嘻嘻笑道：「妳既說我乃九五之尊，難道我的命令妳都不服從嗎？」說著，上前便拉，班婕妤卻閃身避開，跪地叩頭道：「賤妾看過古代一些畫作，但凡有作為的君王，賢臣常居兩側，而只有那些昏聵之君，才與美姬相伴左右，終日不離。倘若賤妾今日與陛下同乘一輦，我與那些紅顏禍水又有何異？這難道不叫人凜然而驚嗎？」

王太后聽說此事後，臉上的皺紋如波浪展開，笑道：「周朝有樊姬[017]，我大漢有班婕妤！」漢成帝雖文武兩不成，吃喝玩樂卻是個多面手，樣樣精通。一次，漢成帝微服出遊，一路興致勃勃，東看西瞅，不覺來到姐姐陽阿公主的府邸外。忽聞院內傳出陣陣樂器之聲，隱約還能聽到女子的鶯啼燕語，心中不覺一動，抬腳入府。卻見一群女子正在排演舞蹈，觀看一會兒，覺得稀疏平常，轉身欲走，忽然笙樂驟停，眾舞者退下，一個小女子步履凌波翩然登場，袂帶飄飄，星眸顧盼間神采照人，雖無沉魚之美，但也算是落雁之

016　輦（ㄋㄧㄢˇ）：古代用人拉著走的車子，後多指天子或王室坐的車子。
017　樊姬：是春秋五霸之一楚莊王的賢內助。

貌，漢成帝立即看呆了。

這時，臺上的笙簫古箏悠然響起，那個小女子微移蓮步，長袖飄舞，歌喉頓開唱了一首散曲。此刻，漢成帝已經聽得心醉神迷，三魂縹渺七魄俱散。直至女子舞罷，收了舞姿，漢成帝依然惘然不知，如在仙境。等他醒悟過來，已不能自持，當即便帶女子回宮，恩寵無比，更甚他人。而那勾去漢成帝心魄的女子正是趙飛燕。

一人得道，雞犬升天。趙飛燕又讓同樣貌美的妹妹入宮，共同侍奉漢成帝。漢成帝被這姐妹倆迷得神魂顛倒，聲色犬馬，更加不理朝政，許皇后、班婕妤先後失寵。趙飛燕姐妹倆從此成為後宮的主人，一手遮天，飛揚跋扈。為了鞏固在後宮的地位，趙飛燕姐妹倆屢次向漢成帝進讒言，說許皇后和班婕妤因失寵懷恨在心，暗地聘請術士作法詛咒後宮嬪妃，蠱惑陛下。漢成帝色昏頭腦，信以為真，勃然大怒，罷黜許皇后，逐出宮中。班婕妤在太后出面的保護下，才倖免於難。

經此一事，班婕妤深知若是再久居後宮，必會惹來諸多是非，不如明哲保身，急流勇退，方為上策。便向漢成帝上奏，自請到長樂宮侍奉太后。漢成帝心思已經不在她身上了，當即准奏。從此深宮悠悠，歲月匆匆，才女班婕妤就這樣老死在宮中了。

【故紙揮塵】

　　班婕妤的一生，如一朵鮮花，從開放的繁華到衰落，不過是眨眼間的光景，而這卻反映了中國古代後宮嬪妃最真實的人生境遇。然而班婕妤卻有些不同，得寵與失寵又有什麼干係？她早已以一個知識女性的眼光把這些世俗之物看透了，所以不論境遇如何，她總是波瀾不驚，即便趙飛燕要置她於死地，她也能看得開，何必要爭個頭破血流、你死我活？不如避開，豈不是成全了彼此？也正是如此，班婕妤成為後世婦德的楷模。

聞雞起舞祖逖北伐

　　祖逖是東晉著名將領，他性格豪爽，胸有大志，好行俠仗義，曾與劉琨在司州[018]擔任主簿，兩人志氣相投，同被就寢，以匡扶晉室為己任，枕戈待旦，聞雞起舞。

　　後來，中原大亂，征戰不斷，祖逖帶領一些親友逃亡南方避難。在逃難過程中，祖逖主動幫助一些老人搬運行李，還把自己的食物分給大家吃。祖逖的義舉，贏得了大家的一致稱讚，大家紛紛表示要讓祖逖做他們的首領。經歷千辛萬苦，他們來到了泗口[019]。

018　司州：今河南洛陽市東北。
019　泗口：今江蘇清江市北。

　　當時，琅王司馬睿還沒有當上皇帝，祖逖去拜見司馬睿，對他說：「現在國家大亂，不是君上昏庸無道，也不是百姓作亂，實則是由皇族爭權，互相殘殺，致使胡人趁機入侵，荼毒中原。如今，飽受戰亂的百姓，都想奮起反擊，掃滅強胡，大王若能振臂一呼，任命我等為將，各地英雄豪傑必會前來歸附，這樣一來，恢復中原指日可待。」司馬睿本意是偏居江南，求得一時安寧，不願北伐，但見祖逖慷慨陳詞，不好拒絕，便任命他為豫州[020]刺史，撥給他千人之糧，布帛三千，卻不給他鎧甲兵器，讓他自己鑄造兵器，招募將士。

　　祖逖也不再申請，當即辭出，率領百餘名部眾渡江北上。船行至中流，祖逖突然迸發出一股壯士一去不復返的豪邁情緒，遂擊楫發誓說：「祖逖此行若不能趕走強胡，光復中原，便不會再橫渡這條大江！」抵達淮陰[021]後，祖逖和手下冶鐵鑄械，招募將士，日夜不休，很快召集了兩千名壯士，然後繼續向北出發。當地百姓聽說祖逖的軍隊來了，紛紛拿出家中的好酒好肉來款待他們，還有的人帶著兵器加入他們的軍隊。祖逖的軍隊逐漸壯大起來，收復了不少失地。

　　當時，北方很多豪強地主見中原打亂，為求自保，互相爭奪堡塢[022]。祖逖動之以情，曉之以理，成功說服他們一部

020　豫州：今河南東部和安徽北部。
021　淮陰：今江蘇省淮安市。
022　塢堡：又稱塢壁，是一種民間防衛性建築。

分停止互相攻打，隨他一起北伐。而對於那些冥頑不化的豪強地主，祖逖則毫不留情地予以打擊。劉琨聽說祖逖北伐的事後，十分高興地說：「我每天晚上枕著武器睡覺，就是等待有一天上陣殺敵。沒想到，祖逖比我快了一步。」

　　西元三一九年，後趙國主石勒率軍攻打陳留[023]，陳留豪強陳川望風歸附，祖逖聽說後，決定發兵攻打陳川。陳川聞訊大驚，忙派人向石勒求助。石勒當即發兵五萬，前去援救陳川。正巧祖逖率軍前來攻打，兩軍相遇，分外眼紅，殺得血流成河，屍橫遍野，後趙軍潰敗而逃。隨後，石勒的部將桃豹與祖逖的部下韓潛開始爭奪蓬陂城[024]。兩軍相持四十多天，互有傷亡，但一時難以分出勝負。由於征戰時間長，兩軍糧草一時難以供應，將士們開始了忍飢挨餓的日子。祖逖看到這種情況後，十分著急，他深知再這麼相持下去，軍心必會大亂，到時恐怕會不戰自敗。情急之下，他想到了一條妙計，即命將士用布袋裝上沙土，封住開袋，派一千名將士押運到軍營，裝作運糧的樣子。接著，他又派了十幾個將士，扛著真米，遠離大隊而行，並囑咐道：「若是趙軍前來劫糧，你們可以棄糧而逃。」十數名將士領命而去。

　　此時桃豹正在帳中為缺乏糧草憂愁不已，忽然聽說晉軍運來大量糧食，忙出帳一看，卻見在運糧軍隊之後，遠遠落

023　陳留：今河南省開封市陳留鎮。
024　蓬陂城：今河南省開封市附近。

下十幾個晉兵，橫七豎八躺在樹蔭下休息，旁邊停放著運糧的車子。桃豹大喜，馬上派將士殺出營地。那十數名晉兵見了，丟下糧草米擔，向營地奔去。桃豹的將士搶了糧車米擔回營，個個歡欣鼓舞，總算不用再挨餓了。但桃豹卻以為晉軍糧草充足，可以長期與自己相持下去，不免有些洩氣，便派使者向石勒求救。石勒得知桃豹的消息後，當即派人用一千頭驢子運送糧草給桃豹。祖逖收到消息後，馬上派人埋伏在半路，將後趙軍隊打得大敗，把糧食全部奪了去。桃豹得知軍糧被劫，方知中計，自知先機已失，不是祖逖的對手，便連夜撤軍了。

　　祖逖透過多年的南征北戰，成功擊退黃河以南的胡人，收復了全部土地。司馬睿繼位後，念及祖逖立下的戰功，封他為鎮西將軍。在多年的征戰中，祖逖並沒有因為自己是將領，就高人一等，相反他能與將士同甘共苦，對他們噓寒問暖，並不斷鼓勵他們。他十分尊重別人，不論身邊的人地位尊崇與否，他都能以禮相待。一次，祖逖行軍到一個地方，舉辦酒宴招待當地父老。人們都十分高興，舉杯暢飲，甚至有的人還跳起了舞，氣氛十分和諧。一些老人拉著祖逖的手，感慨地說：「我們以前整天提心吊膽的，不知道哪天就會被胡人殺死。現在，我們是行將就木之人，看著自己的親人能健康地活著，就算死了，也沒有什麼遺憾了。」

　　祖逖之所以能為復興晉室立下不世之功，就在於他能替別人著想，得到了百姓的擁護。

【故紙揮塵】

　　《大學》裡說：「修身、齊家、治國、平天下。」從祖逖的種種行為來看，他是一個有修養的人，這也是他取得成功的原因。一個人的魅力大小與他的修養有很大關係，而修養則來自細節。從生活中的細節入手，努力提高自己的綜合素養，學會顧全大局，不拘小節，以塑造出一個有修養的自我，因而實現自己的人生目標。

陶潛不為斗米折腰

　　陶潛，字淵明，號五柳先生，東晉著名的詩人、辭賦家和散文家。他的曾祖父是東晉名臣陶侃，但到了他這一代，家道已經中落。陶淵明學識淵博，有很大的抱負，〈五柳先生傳〉就是出自他手。在文中，他將自己比喻成「五柳先生」，表明自己不貪圖榮華富貴、安貧樂道的思想境界。

　　起初，陶淵明在江州 025 做過一段時間的官，因他生性不拘，無法忍受官職的種種約束，於是辭官回鄉。鎮軍將軍劉

025　江州：今江西省九江市。

裕十分仰慕陶淵明的才名，便徵召他當鎮軍參軍，他對親朋
好友說：「我之所以出來當官，不過是為了我以後能更好地歸
隱田園。」陶淵明的上級聽到這句話後，就任命他為彭澤[026]縣
令。到任後，陶淵明差遣衙役在國家的土地裡全部種上可以用
來釀酒的黏稻，但他的妻子卻堅持種可以食用的粳稻，於是，
陶淵明便折衷了一下，在五十畝地裡種了黏稻，在另外五十畝
地裡種了粳稻。郡守派人來彭澤視察，縣裡的官吏提醒陶淵明
應該換上官服，束緊衣帶去拜見。陶淵明正色說：「我不能為
了每個月五斗米的俸祿，而去向那種鄉野小人彎下我的腰。」
不久，陶淵明就上交官印，收拾行裝，返回了故鄉。

　　回鄉不久後，朝廷又想起用陶淵明，陶淵明婉言拒絕
了。江州刺史王弘愛慕陶淵明的才華，想與他結識，始終沒
有機會。一次，陶淵明去廬山遊玩，王弘得知後，讓陶淵明
的好友龐通之帶上美酒和菜餚，在本路邀請陶淵明喝酒。當
時，陶淵明患有腳病，行走不便，龐通之便派了一頂轎子去
迎接他。陶淵明與龐通之見面之後，十分高興，舉杯暢飲。
不多時，王弘也來了，陶淵明已有三分酒意，大度一笑，就
請王弘入席，與他對飲起來。

　　陶淵明不懂音律，但是他家裡卻保存著一張素琴，那琴
上沒有琴弦，每次他醉酒之後，總要撫弄那張素琴，以寄託

026　彭澤：今江西省彭澤縣。

自己心志。凡是有來造訪者，不論其身分高低貴賤，只要家裡有酒，他都會拿出來，如果陶淵明先喝醉，他會直爽地對客人說：「我今天喝醉了，要休息了，你可以告辭了。」一次，郡守去拜訪陶淵明，正趕上他家的酒釀好了，陶淵明就取下頭上的葛布頭巾，用來過濾酒渣，過濾完，又重新把葛布巾戴在頭上。

陶淵明只做過一些小官，他不注重修生養性，也從來不會為接受或放棄官職而煩惱，他自認為曾祖父陶侃是東晉的股肱之臣，而他卻身分卑微，為此，他感到有愧於先祖。從曾祖之後，東晉王朝開始穩固下來，陶淵明卻斷然放棄了入仕為官的機會。他每完成一篇文章，都會注明寫作的時間，但劉宋王朝建立後，他就只用甲子來標記時間了。

在寫給兒子的信中，陶淵明談及了自己的志向，並以此告誡子孫。信的大致內容是這樣的：人的生命是天和地的賜物，人有生就有死，自古以來的先賢聖哲，有誰能夠避免呢？孔子的弟子子夏說過：「生死由命運決定，富貴則是天意。」子夏也是孔子的得意門生之一，受到了孔子的親身教誨，他發表這種言論，正是因為不能隨著命運的好壞而妄意追求。我年過半百，依然困頓無依，因為家境貧困，只好四處漂泊。我的性格耿直，不懂逢迎之道，因而多與世人不和，如果再這麼下去，必然會招致災禍，於是我勉強辭官隱

退，卻讓你們從小飽受貧困的折磨。東漢孺仲的妻子曾說過：「自己蓋著破舊的被子，對兒子又有什麼慚愧的呢？」

我年輕的時候喜歡讀書，每次有所心得，就會高興得忘記吃飯。有時候，一個人出去散步，看著樹林枝葉交錯成蔭，聽著鳥兒婉轉鳴叫，心情會變得十分愉悅。自從我得病以來，身體一日不如一日。親戚朋友也不遺棄我，經常請郎中為我治病，只是我的大限將至，唯一擔心的就是你們年齡還小，家裡又這麼窮，又沒有僕人，砍柴做飯這些勞力工作你們要做到什麼時候啊！我只能在嘴裡嘮叨著，卻無法用語言表達出來。

你們雖然不是一個生母，但你們應該知道四海之內皆兄弟這種情誼。春秋時期，鮑叔牙和管仲一起做生意，到年底分紅時，管仲分得多，鮑叔牙並沒有計較，兩人因此結成莫逆之交。他們不是同姓的人尚能如此，更何況你們是同一個父親的人呢？漢末名士韓元長，在朝中輔佐君王治理天下，一直活到八十歲才去世，他們家兄弟幾個始終住在一起，一直到老。西晉的氾稚春是個品德高尚的人，他家七代人從來沒有分過家產，家裡人都歡歡喜喜的，沒有絲毫埋怨。《詩經》裡寫道：「站在高山上才能看得遠，走在大路上才暢通無阻。」你們一定要慎重啊！

陶淵明於西元四二七年去世，享壽六十三歲。

【故紙揮塵】

古語云：「名利本為浮世重，古今能有幾人拋。」雖說名利本為身外之物，生不帶來，死不帶去，但許多人仍然執迷不悟，執著地追逐。而陶淵明才是真正做到視名利為糞土的智者，他用自己的行動告訴我們，人生除了名利之外，還有很多值得追求的東西。而淡泊名利不是不思進取，而是用一顆平常心看待人生的榮辱得失。得意時不忘形，失意時不消沉，這樣我們才能在淡泊中充實自己。

真廉潔蘇瓊得民心

蘇瓊，字珍之，北齊著名的清官，他廉潔奉公，不畏權勢，深得百姓的擁戴。

蘇瓊小時候曾跟隨父親去邊境，拜訪東荊州[027]刺史[028]曹芝，曹芝置辦酒席，為他們接風洗塵。席間，曹芝開玩笑問蘇瓊說：「你想過當官嗎？」蘇瓊正色答道：「官職只有合適的人才能擔任，而不是人去要求做官。」曹芝十分滿意蘇瓊的回答，有意培養重用他，便將他留了下來。蘇瓊漸長之

027　東荊州：南北朝時北魏設立。州治今河南省泌陽縣。
028　刺史：地方軍事行政長官。

後，展現出了非凡的政治才能智慧。

　　後來，蘇瓊擔任南清河太守，那個地方治安較亂，盜賊四起，蘇瓊到任後，一心求治，使得當地百姓能安居樂業，盜賊也沒那麼猖獗了。零縣百姓魏雙成家丟失了一頭牛，他懷疑是同村魏子賓做的，因為他們之前有過衝突，於是將他扭送去見官。蘇瓊經過審問後，就斷定魏子賓不是偷牛賊，當場就將他放了。魏雙成十分不服氣地說：「大人，您將偷牛賊放了，小民的牛如何才能找回來？」蘇瓊好言安慰他說：「放心吧，本官一定幫你找回牛。」隨即命人暗中查訪，沒過多久就抓住了真正的偷牛賊。從此以後，當地百姓都把牛放在外面，而不是圈養起來，都說：「這些牛就託付給我們的長官了。」鄰郡的富豪為了確保萬無一失，都把財物轉移到了南清河境內，後來遇到山匪來搶劫，富豪說：「我把全部的財產都寄存在蘇公那裡了。」山匪自然不敢招惹蘇瓊，便紛紛離去。

　　平原郡[029]有個大賊劉黑狗，心狠手辣，勢力很大，黨羽眾多。蘇瓊管轄內的百姓雖然和那些人距離很近，但沒有一個人牽連在裡面，周圍郡縣的官員和百姓都很佩服蘇瓊。南清河郡原來有百餘名盜賊，個個身懷絕技，後被蘇瓊收服，安排在他自己身邊做事，民間有任何風吹草動，甚至有官吏喝了百姓一杯酒，蘇瓊立刻就能知道。

029　平原郡：古代郡名。管轄地區在山東省德州市陵縣。

　　蘇瓊不僅為官清廉，而且行事謹慎，從不接受私人信件。當時，濟州[030]有個道研和尚，非常富有，常年在郡內放高利貸，還經常要郡裡幫他收債。有一次，道研專程來拜訪蘇瓊，蘇瓊雖然知道他的來意，卻隻字不提，每次都會虛心向他請教佛理。道研雖為催債來了很多次，但都無法開口提及這件事。道研的弟子十分納悶，便問其中緣由，道研嘆了口氣說：「每次與蘇瓊見面，他都能把我捧到天上去，我根本沒有機會來談論人間的事。」當地有個人曾擔任過樂陵[031]太守，為人豪爽好客，八十歲才退休歸鄉，與蘇瓊私交甚好。五月的時候，別人送給他兩個好瓜，他便親自送到蘇瓊的家中，蘇瓊再三謝絕。但他卻不依不饒，仗著年紀大，苦苦請求蘇瓊把瓜收下，蘇瓊沒辦法，只好收下，卻把瓜懸掛在客廳的橫梁上，並不切開來吃。別人聽說蘇瓊收下了瓜，知道他喜歡吃水果，爭相送水果給他，到蘇瓊的府中時，看見懸掛在房梁上的瓜，這才明白蘇瓊果然十分廉潔，都滿面羞愧地回去了。

　　有一對兄弟，為了爭奪祖先留下來的田地，鬧了很多年都沒有結果，他們各自提供證人，來為他們作證的人竟然多達百人。蘇瓊把他們找來，當眾勸他們說：「天下最珍貴的莫過於兄弟之間的情誼，如果你們為了得到田地而失去兄弟，

030　濟州：今山東省濟寧市。
031　樂陵：今山東省樂陵市。

難道不會痛心嗎？」說著，竟然動情地留下了眼淚，圍觀者無不為之動容。兩兄弟幡然醒悟，相擁而泣。從此，這對分居十年的兄弟，又重新居住在一起。

每年春天，蘇瓊都會請儒學大師到郡裡來講學，官吏在閒暇之餘都要讀書。蘇瓊積極提倡教化，他禁止百姓舉辦不符合國家制度和禮儀之外的祭祀，教導他們在嫁娶喪葬方面避免鋪張浪費。由於蘇瓊治郡有方，聲名鵲起，各州郡縣紛紛派人到他那學習處理公務的辦法。高洋帝統治時期，郡內淹大水，淹沒良田無數，百姓斷糧有一千戶人家。蘇瓊把郡中有餘糧的人家召集起來，自己向他們借糧，再分給災民。蘇瓊此舉雖然贏得百姓真心尊重，卻為他帶來了麻煩。州裡按戶徵收田租的時候，要審查他借糧的情況。郡中的官吏私下對蘇瓊說：「您生性仁慈，同情那些災民，但這樣恐怕會連累您。」蘇瓊說：「如果這麼做卻能使一千戶人家存活，就算我獲罪入獄也值得了。」他上奏朝廷，表明了此事，朝廷下令核查此事，最後百姓們得以平安度過荒年。

蘇瓊治理南清河郡六年，深得人心，從來沒有一個人到州裡告過狀。州裡四次考核官員政績，每次都把他列為最佳。蘇瓊的父親去世後，蘇瓊為了守孝而離職，同僚和朋友送他很多東西，他都沒有接受。

孝期滿後，朝廷重新起用了蘇瓊，但給他的官職很小，

人們無不為他叫屈，唯獨尚書辛述說：「蘇瓊正直無私，我是根據他的名聲來定他的官職，不用擔心他將來升不了官。」

【故紙揮塵】

　　蘇瓊為官期間，大公無私，一心為民，得到百姓的愛戴和擁護。由此可見，一個人若想贏得別人的尊重和愛戴，必須學會為他人著想，正所謂：「種瓜得瓜，種豆得豆。」生活中，如果我們始終能抱著一顆慈悲心，寬容別人的無心之過，尊重別人的隱私，便能換來別人的信任和認同。

善納諫唐太宗改錯

　　唐太宗李世民在位期間，勵精圖治，開創了「貞觀之治」的宏偉功績，這和他善於納諫是分不開的。他身邊湧現大量勇於犯言直諫的忠臣，其中，要數魏徵最為出名。

　　魏徵自幼雖然家境貧寒，但他十分喜歡讀書，學習權謀縱橫之術。為了生存，他還當過道士一段時間。李密起兵進攻隋朝後，魏徵投靠了他。魏徵向李密提出了十條計策，李密很欣賞這些計策，但沒能採用。魏徵見自己英雄無用武之地，漸漸地對李密失去了信心，認為他成不了大業。

　　後來，李密兵敗，魏徵和他一起歸順了唐朝。到長安後，魏徵一直沒能得到重用，於是他向唐高祖李淵提出，自己願意去安撫山東地區。當時，李勣（ㄐㄧˋ）還沒有投降，正在猶豫觀望中，魏徵寫信給他，曉以利害，勸其投降。李勣權衡再三，決定歸順唐朝。不久，竇建德率軍攻下黎陽[032]，俘虜了魏徵。後來，竇建德兵敗，魏徵再次回到了唐朝。太子李建成聽說魏徵很有才華，於是任命他為太子洗馬[033]，十分看重他。魏徵見秦王李世民手握兵權，勢力龐大，提醒李建成要多加防備。玄武門之變後，唐太宗召來魏徵，質問他說：「你為何要離間我們兄弟之間的關係？」魏徵從容答道：「如果當初太子聽從我的話，就不會有身首異處的下場了。」李世民是一代明君，聽魏徵這麼一說，更愛他忠心不二，不僅沒有怪罪他，反而任命他為諫議大夫[034]。

　　唐太宗孜孜求治，一心想做出一番大業。他經常把魏徵召入宮中，向他請教治國之道。魏徵學富五車，富有謀略，如今遇到明主，所以他竭盡所能為唐太宗出謀劃策。唐太宗曾感慨地說：「魏徵前後提出兩百多條建議給我，如果他不是一心為國的話，是不可能做到的。」

032　黎陽：今河南浚縣。
033　太子洗馬：也簡稱為洗馬，是一個中國古代官職，屬於太子官屬，即東宮官，是太子的隨從官員，最早設立於漢朝。洗，通假於「先」，洗馬也就是先馬，意思是在馬前做先導。
034　議諫大夫：官名。秦代置諫議大夫之官，專掌議論。

　　貞觀初年，百姓久經戰亂，渴望過著和平安寧的生活。就在這時，唐太宗聞報說，嶺南[035]酋長馮盎起兵反唐，不由勃然大怒，當即就要發兵征討。魏徵聽說後，仔細分析了一下當前形勢，認為不宜出兵。他馬上入宮勸諫唐太宗說：「現在天下初定，百姓飽受征戰的折磨，需要休養生息。再說，馮盎反叛只是傳言，陛下應該主動用德政關心他，曉以大義，馮盎勢力單薄，十分懼怕唐朝，一定會主動歸順的。」唐太宗遂依計而行，派使者去規勸馮盎。馮盎本無反唐之心，現在唐太宗遣使而來，知道自己一定是受了別人的誣陷，於是當即命他的兒子隨使者入朝稱臣謝罪。唐太宗大喜，由衷地讚嘆道：「魏徵一言，可抵十萬軍馬。」

　　一次，唐太宗到九成宮居住的時候，有宮女要回京都，住在縣城的驛站裡。不久朝中大臣李靖和王珪也來了，縣吏按照規定，要宮女們搬走。唐太宗得知後，十分生氣地說：「李靖等人也太霸道了！當地官吏為什麼要偏袒李靖他們而怠慢我的宮女？」當即下令要處分那些人。魏徵勸阻道：「李靖是陛下的心腹大臣，而那些宮女只不過是伺候您生活起居的奴婢。要論各自的職守，兩者無法相比。況且，李靖外出是辦公事，各地官吏要向他們詢問朝廷的規章制度，回來後，陛下也要向他們詢問民生狀況，所以，地方官吏這麼做

035　嶺南：今湖南、廣東、廣西部分地域。

是沒錯的。至於那些宮女，除了為她們提供飲食之外，那些官吏也沒有必要和她們見面。如果以這樣的名義處罰他們的話，恐怕有損陛下仁德的名聲。」唐太宗這才平息了怒氣，不再追究縣吏和李靖的責任。

又有一次，唐太宗在宮中與百官聚宴。酒至半酣，唐太宗對長孫無忌說：「魏徵和王珪以前為李建成效力，現在想想，他們確實罪該萬死，可是我念及他們頗有才幹，才不計前嫌重用他們，我完全可以與古代賢君相比了。但是魏徵每次進諫的時候，如果我拒不聽從，他就會不馬上回答我。這是為什麼呢？」長孫無忌答道：「大臣認為事情不妥，才會犯顏勸諫，如果陛下沒有聽從，而大臣立刻回答的話，有可能會影響事情的實行。」唐太宗說：「那他可以當面先答應下來，事後再提意見啊！」話音剛落，魏徵插話道：「以前舜對大臣說：『你們不要當面順從我，過後又來反對。』如果我當時順從陛下，而事後又要提出反對意見，這就有違舜的教誨了。」唐玄宗聽了此言，不禁大笑起來，說：「我聽別人說魏徵粗魯而不懂禮，但我覺得他圓滑、柔媚，至少他剛才是這樣的。」魏徵說：「陛下能夠接受我的意見，我才能屢次犯言直諫。如果陛下不接受我的意見，我又怎麼敢屢次冒犯呢？」

魏徵因病去世後，唐太宗痛哭流涕地說：「用銅做鏡子，可以端正衣冠；用歷史做鏡子，可是知道興衰成敗的道理；

用人做鏡子，可以時刻知道自己的過失。我時常保留這三面鏡子，以防自己犯錯。如今魏徵死了，我就失去了一面好鏡子啊！」

【故紙揮塵】

唐太宗深知兼聽則明，偏聽則暗；明君兼聽，昏君偏信的道理，所以，面對魏徵屢次犯言直諫，唐太宗在意識到自己的錯誤後，往往能虛心接受魏徵的意見。也正是如此，唐太宗才得以開創「貞觀之治」的盛世之景。想要成大事者，必須具備容納諍言的胸懷，不能因為進言者直言不諱指出自己的錯誤，就產生排斥心理，甚至勃然大怒。這樣的結果於人於己都是極其不利的，所以，只有開闊胸襟，廣納諫言，才能成就一番事業。

寄山水李白明心志

李白，字太白，號青蓮居士，唐朝浪漫主義詩人，被後人譽為「詩仙」。李白的祖先本來是唐室宗親，後來因犯罪被流放到了西域。一直到武則天統治時期，李白的父親才從西域逃回來，在四川安了家。

據說，李白母親在生李白的前一天晚上夢到了太白星，所以給他取字太白。李白自幼聰明過人，十歲那年就能作詩

了。長大後，李白落拓不羈，喜歡遊山玩水，後來隱居在岷山[036]。李白還十分喜歡劍術，想當個遊俠，幫助那些需要幫助的人。後來，李白在任城結識了名士孔巢父、韓準、裴政、張叔明、陶沔，他們六人惺惺相惜，一起到徂徠山[037]隱居，成天飲酒作詩，號稱「竹溪六逸」。

　　天寶初年，李白結識了道士吳筠。後來，吳筠應召入京，李白也隨同前往。到了長安後，在吳筠的引薦下，李白認識了詩人賀知章。賀知章讀了李白的詩文後，不禁感慨道：「你可真是從天上貶到人間的仙人啊！」此後，賀知章多次向唐玄宗推薦李白。唐玄宗也酷愛文學，就召見李白。李白生平第一次進皇宮，沒有絲毫拘束緊張的樣子。唐玄宗見他儀表非凡，器宇軒昂，已有三分喜歡，再與他交談一番，發現他才思敏捷，學識淵博，因此更加喜歡他了，便任命他為翰林供奉，負責為他起草詔書。

　　一次，唐玄宗與眾多嬪妃在沉香亭飲酒作樂，酒過三巡，略有醉意的唐玄宗忽然心血來潮，想要李白為他寫一首詞，讓樂工譜成曲，以助酒興。便馬上下令召李白入宮。當時李白正在長安街頭的酒肆裡與別人喝酒，已經喝得酩酊大醉。使者費了好大力氣才把他弄回了宮，這時的李白依然大醉不醒。唐玄宗便讓內侍用冷水給他洗臉，李白這才慢慢清

036　岷山：位於甘肅省西南、四川省北部。
037　徂徠山：又稱龍徠山、馱來山，是泰山的姐妹山。位於泰安市岱岳區徂徠鎮。

醒了過來，得知唐玄宗讓自己入宮的原因後，跟蹌起身，手提毛筆，飽蘸濃墨，一揮而就，寫了三首〈清平調〉，辭藻華麗不媚俗，言簡意賅。唐玄宗拿到詞，連續讀了幾遍，朗朗上口，十分喜歡，認為李白確實很有才華。

日子已久，李白卻一直等不到唐玄宗與他商量國事，卻常常讓他寫一些宮中「行樂詞」。這和李白一心報效國家的志向相差太遠，因此他逐漸心灰意冷，常常借酒消愁。

有一天，李白在外面和朋友飲酒，興致正濃時，忽然唐玄宗派人傳來詔書，讓他入宮起草一份很重要的詔書。李白覺得展現才華的時機到了，便搖搖晃晃地跟隨使者入宮。走進大殿，李白四下一瞧，看見唐玄宗身邊有個太監正死死地盯著他看，一臉不屑。這個太監叫高力士，因善於逢迎之道，很受唐玄宗的寵信，文武百官畏懼他的權勢，沒有一個不巴結他的。

李白生性剛直，素來看不慣高力士的飛揚跋扈，於是便借著酒性對唐玄宗說：「皇上，臣有個不情之請，不知該不該說？」唐玄宗說：「你有什麼要求儘管提出來，朕一定滿足你。」李白說：「臣剛才喝了酒，渾身燥熱，無法靜下心寫文章。請皇上准許我穿戴隨便一些，這樣我才能舉筆草詔，口代天言，不辱您對我的厚望。」

唐玄宗想了想說：「這個要求不過分，朕准許你隨便一

些。」李白便說：「皇上，臣的靴子太過厚重了，請您為我換一雙輕便的鞋。」唐玄宗便讓內侍為他取來一雙輕便的鞋來換。李白突然把腳伸到高力士面前，讓他為自己脫鞋。高力士看了看眼前的腳，又看了看毫無表示的唐玄宗，無奈之下，只好俯下身子為李白脫下靴子。

　　李白巧借唐玄宗的威嚴，打壓了高力士囂張的氣焰，為那些平日受盡高力士欺壓的官員出了口惡氣。但高力士也因此恨透了李白，經常在唐玄宗面前詆毀李白。時間一長，唐玄宗開始冷淡李白。李白失望之餘，只好離開長安，開始到全國各地遊歷。

【故紙揮塵】

　　李白一生都懷著治國安邦的遠大理想，但最終卻未能實現，抱憾終身。如果眼裡揉不得沙子的李白，能改掉自己剛正不阿的性格，學會逢迎之道，以他的才華，仕途之路一定會走得很順暢。但那不是一個真實的李白，他也不可能寫出流傳千古的「安能摧眉折腰事權貴，使我不得開心顏」的詩句。所以李白用行動告訴我們，人不可有傲氣，但不可無傲骨。我們不能丟掉自己的尊嚴，獻媚取寵，去博得所謂的榮華富貴，這樣做肯定會為別人所不齒的。

▅ 憂國憂民的范仲淹 ▅▅▅▅▅▅▅▅▅

范仲淹，字希文，邠州[038] 人，北宋著名的政治家、軍事家和文學家。

范仲淹兩歲時，父親因病去世，母親孤苦無依，便帶著他改嫁到朱家。漸長之後，范仲淹就展現出非常獨立的個性，而且嗜書如命。他在外地求學期間，勤學苦讀，晝夜不息，冬天睏倦的時候，就用冷水洗臉清醒頭腦，繼續讀書；餓的時候，用稀粥充飢。在別人看來，這種艱苦的生活是無法忍受的，而范仲淹卻習以為常，覺得能讀書是一件幸福的事情。

苦學幾年後，范仲淹成了一個知識淵博的人，經過幾番考試，輕而易舉地考中了進士[039]，從此步入仕途。范仲淹是個大孝之人，他沒有忘記母親的養育之恩，當了官的第一件事，就是將母親接來奉養。

應天府[040] 知府[041]晏殊，聽說范仲淹博學多才，便聘請他來府主持教務。范仲淹在任期間，向宋仁宗呈交了萬言書，奏章中針砭時弊，提出了一些切實可行的改革措施，但沒能

038　邠州：今陝西彬縣。
039　進士：中國古代科舉制度中，通過最後一級中央政府朝廷考試者，稱為進士。是古代科舉殿試及第者之稱。
040　應天府：今河南商丘。
041　知府：官名。宋代至清代地方行政區域「府」的最高長官。

引起宋仁宗的重視。范仲淹並沒因此而心灰意冷，而是更加努力地做好自己的本職工作。四方學者素來敬仰范仲淹，紛紛前來向他請教學問。范仲淹一概熱情接待，一一解答他們的疑問，不知疲倦。他會經常拿出一部分俸祿，採購食物，給那些求學的人吃，結果導致自己的孩子沒有幾件衣服穿。范仲淹的身體力行，影響了很多人，士大夫們爭相仿效他的德行，十分注重自己的品德和節操。

　　西夏 042 入侵後，北宋軍隊屢戰屢敗，宋仁宗大憂，卻又沒有退敵之計。范仲淹得知後，主動請命戍守邊界，保衛國土，宋仁宗便派他到延州 043，負責那裡的防務。范仲淹到任後，一邊發動將士開荒種糧，一邊苦練武藝，戍守邊疆。皇天不負苦心人，經過范仲淹的幾年努力，北宋軍隊一改往日萎靡不振的作風，戰鬥力有了明顯的提高。西夏軍隊屢次進犯北宋邊境，但卻討不到一點便宜，只好悻悻而去，再也不敢輕易來犯。

　　西夏求和後，范仲淹被調回朝廷，並當上了宰相。當時，宋仁宗對朝廷的種種弊端很不滿，他想革新吏治，使國家安寧，締造太平盛世，所以常常向大臣們徵詢執政策略。范仲淹私下對同僚說：「皇上對我一直很信任，我也想為國家的安定出一己之力。但是朝廷的諸多弊病，都是常年累積

042　西夏：是中國歷史上由党項人在中國西部建立的一個政權。
043　延州：今陝西延安市。

下來的，短時間內是無法革除的。」這位同僚與范仲淹私交
甚好，知道他有能力振興國家，於是將范仲淹的話原原本本
報給了宋仁宗。宋仁宗當即召入范仲淹，讓他當面奏對。范
仲淹知道再也無法推托，於是認真總結了醞釀已久的改革思
想，很快呈上了著名的新政綱領《答手詔條陳十事》，提出
了十項改革措施，具體內容是：

- 嚴明官吏升降制度。
- 限制靠門第當官，比如大臣的子弟不能擔任朝中要職。
- 改革科舉考試制度，務必要嚴格、公正，選拔出真正的
  人才。
- 改革地方官吏制度。
- 均衡公田。官吏在任期間，名下所有的土地的收入是俸
  祿的一部分，所以要補助那些沒有公田的官吏，使他們
  有能力養家，然後督責他們廉潔為政。
- 積極發展農桑。
- 整頓軍備，建立府兵制。
- 將詔令落實到底，各級官員不得拖延。
- 嚴肅朝廷法令。
- 減輕徭役。

　　宋仁宗看過大喜，當即命范仲淹將改革措施頒布下去，
命令各地執行。范仲淹的改革措施觸犯了朝中權貴的利益，

遭到了他們的強烈反對，一時間，彈劾范仲淹的奏章如雪片一樣飛到宋仁宗的手中。即便如此，范仲淹本著為國為民的精神，頂著來自各方面的壓力，堅決實施新政。在新政實施的短短幾個月裡，政治局面和社會風氣煥然一新，改革已初見成效。但好景不長，恰好此時邊境告急，范仲淹便被調往邊境禦敵。他一走，朝中權貴便更加肆無忌憚地攻擊他。范仲淹迫於壓力，只好辭去了宰相一職。沒過多久，他的改革措施全部被廢除了。

　　范仲淹一生正直廉潔，從不以權謀私，還在家鄉設置義莊，救濟一些貧苦之人。他十分喜歡賢才，很多名臣都曾是他的門生。范仲淹六十四歲那年去世。死訊傳開，全國百姓都為之哀痛，凡是他從政過的地方，百姓們主動搬挑泥石，為他建造祠堂，以資紀念。

【故紙揮塵】

　　范仲淹位極人臣，尊貴無比，卻始終恪守「先天下之憂而憂，後天下之樂而樂」的思想，一心為國為民，不以權謀私，做了很多意義非凡的事情，成為無數後人仿效的楷模。從范仲淹的經歷來看，印證了這樣一個道理：沒有一個人生來就是做大事的，那些做事偷奸取巧，不注重操守的人，即便才華橫溢，學富五車，也難

以取得一番成就。而結果也證明，像范仲淹這樣為人做事，才是真正的智者。

═ 秉正氣海瑞諫皇帝 ═══════

　　海瑞，字汝賢，明代著名政治家、歷史學家、雜文家，著名清官。海瑞沒有考中進士，只是以舉人的身分擔任南平縣[044] 教諭[045]。

　　一次，御史[046] 到學宮視察的時候，別的官員作揖跪拜，笑臉相迎，唯獨海瑞只施了一禮，說：「如果下官到御史所在的衙門，理應行部屬之禮，讓我行跪拜我絕不猶豫。但學宮是先生教育弟子的地方，按照規定，不能行此大禮。」後來，海瑞調任淳安[047] 縣令，俸祿微薄，不足以養家糊口，但海瑞卻能安貧樂道，穿著粗布衣服，吃著粗糧，要僕人種菜，自給自足。有一次，海瑞買了兩斤肉為母親過壽。總督胡宗憲聽說後，十分驚奇，到處和別人說：「聽說海瑞為母親過壽，居然才買了兩斤肉。」

　　胡宗憲很有才能，但品行卻不好，他的兒子也和他學了不少壞毛病。一次，胡公子外出，途經淳安縣，當地驛站按

044　南平縣：今湖南省藍山縣土市鄉土市村。
045　教諭：「正式教師」之意，宋代開始設置，負責教育生員。
046　御史：監察百官的官職。
047　淳安：今浙江省淳安縣。

海瑞定下來的規格接待他。胡公子一向驕橫無禮，見端上來的菜清湯寡水，勃然大怒，認為這是輕慢自己，命令手下將驛吏倒吊起來。海瑞得知消息後，從容不迫地說：「過去胡總督來此地巡查的時候，特意囑咐我們供應不得浪費，他本人也一向主張節儉。現在這個人衣著華麗，一副花花公子的模樣，肯定是有人冒充胡總督兒子行騙的。」說著，命人把胡公子抓了起來，沒收了他幾千兩銀子。隨後，他又派人把這個消息告訴了胡宗憲，胡宗憲氣得臉色鐵青，明知道兒子吃了虧，但又無可奈何，只能打掉牙往肚子裡吞。

過了一段時間，朝廷派御史鄢懋（ㄇㄠˋ）卿到全國各地視察。鄢懋卿是奸臣嚴嵩的乾兒子，飛揚跋扈，貪婪成性。他路過淳安縣的時候，也是因為飯菜簡陋，大發雷霆。海瑞得知後，直截了當地對鄢懋卿說：「淳安縣地方狹小，容納不下大人的眾多馬車。」鄢懋卿一聽，肺都快氣炸了，這分明是趕自己走啊！他知道海瑞不好惹，有些害怕，只好忍氣吞聲地離開了。回京後，他立即上奏彈劾海瑞，將他貶了官。

直到嚴嵩失去權勢，鄢懋卿也被發配到邊疆充軍，海瑞才重新獲得重用，並被調往京城。當時，明世宗一心想得道成仙，成天躲在後宮與一些道士煉丹，已經有二十多年沒上朝了。大臣們為了保住官位，誰也不敢勸諫，反而一個勁稱頌明世宗的功德。海瑞一心為國，看到明世宗任性妄為，不由心急如焚，就上交了一份石破天驚的奏章。這封奏章直

言不諱地譴責了明世宗荒唐的行為，誠心誠意地希望明世宗能早日醒悟，一心治理天下。海瑞知道自己這道奏章送上去後，肯定會觸怒明世宗，為自己招來災禍，但他毫無畏懼，在回家路上，為自己買了一口棺材。他的父母妻兒看到後，都驚慌失措，忙問他原因。海瑞便一五一十把這件事告訴了家人，之後，他遣散了奴僕，安排了後事，準備隨時赴死。

果然，明世宗看了海瑞的奏章後，勃然大怒，下令說：「快把他給朕抓起來，不要讓他跑了！」宦官黃錦知道海瑞的為人，對明世宗說：「海瑞是個傻子，他上奏以後，知道自己犯了死罪，已經安排好了後事。我看他是不會跑的。」明世宗最後還是把海瑞關入大牢。一直到明世宗去世，明穆宗繼位，才把海瑞放了出來。

獄吏聽說明世宗駕崩後，知道海瑞不僅會被釋放，而且還會得到重用，為了拉攏與海瑞的關係，就在獄中擺了豐盛的酒宴，款待海瑞。海瑞一看，以為自己馬上就要赴刑場斬首，這酒菜是為自己踐行的，索性大吃大喝起來。等他酒足飯飽之後，獄吏才把明世宗的死訊告訴了他。海瑞聽後，悲痛萬分，號啕大哭，把剛才吃的東西都吐了出來。

因為海瑞嫉惡如仇，剛正不阿，經常得罪朝中權貴，所以屢遭貶官。但因為他的名聲實在太大，每次都能被重新起用。海瑞死後，御史王用汲去他家幫忙料理後事，結果發現

他家簡陋不堪，一些生活用具就連最貧窮的人也不願意用。王用汲看後，心中極為震動，馬上回去整合同僚湊錢為海瑞辦理喪事。海瑞生前在南京為官，當地百姓聽說他去世的消息後，都痛哭流涕，像失去了自己的親人一樣。

【故紙揮塵】

　　「一身正氣，兩袖清風」，無疑是對海瑞最好的評價了。在濁多清少的官場中，海瑞不僅能潔身自好，為政清廉，而且還以一己之力去澄清官場的汙濁之氣。正因為如此，海瑞能夠成為廉潔的典範，為後人所仿效。在燈紅酒綠的世界裡，我們應該以海瑞為榜樣，守住做人的底線，將廉潔看做是一種自我修養，一種境界，這樣我們才能心懷坦蕩，問心無愧。

═ 勇姚崇顯能滅蝗蟲 ═

　　唐朝時期，武則天退位後，唐中宗復位。唐中宗昏庸無能，終日沉溺於酒色，他的妻子韋后趁機掌控朝政，任用奸佞武三思，擅權亂政，把朝廷弄得烏煙瘴氣。這就是歷史上有名的「韋后之亂」。唐中宗死後，臨淄王李隆基發動政變，誅殺了韋后，擁戴其父李旦復位，即唐睿宗。兩年後，

唐睿宗禪位 ⁰⁴⁸ 於李隆基。他就是唐玄宗。

　　唐玄宗剛剛繼位的時候，一心求治，任用姚崇為宰相，抑制權貴，打擊貪官汙吏，朝中弊政，盡行革除。沒過多久，朝廷一改往日混亂不堪的局面，全國上下都是一番生機勃勃的景象。

　　唐開元四年（西元七一六年），山東、河南一帶爆發了一場蝗災。一群群的蝗蟲遍布各地，飛過之處，遮天蔽日，像陰霾密布的烏雲。蝗群所到之處，農作物被吃得一顆不剩。就連樹木也被蝗蟲啃得只剩下光禿禿的樹枝。

　　當時，人們都很迷信，認為蝗災是上天對人們的懲罰，蝗蟲是神蟲，只有燒香求神，才能消除蝗災。而飽讀詩書的姚崇可不這麼認為，他向唐玄宗上奏說：「蝗蟲只不過是一種害蟲，一定有辦法除掉。只要地方官民齊心協力，一定可以撲滅蝗災的。」唐玄宗一直很信任姚崇，當即命姚崇負責此事。姚崇馬上下命，要求百姓在晚上點起火堆，在火堆旁挖一個大坑。等蝗蟲看見火光飛下來的時候，一邊打一邊燒。

　　汴州 ⁰⁴⁹ 刺史倪若水接到命令後，拒不執行。他上奏說，十六國前趙皇帝劉聰，曾捕殺過蝗蟲，不但沒有消滅，反而越來越多。由此看來，蝗蟲是上天降下來的災禍，人力根本無法消除，應該靠積德行善使牠們自行消失。姚崇看過奏章

048　禪位：是中國古代歷史上統治權轉移的一種方式，皇帝把帝位讓給他人。
049　汴州：今河南開封市。

後，當即回信反駁道：「劉聰不是真命天子，德行不能壓過邪惡。現在是聖明的朝代，邪惡自然壓不過德行。如果說修德就能免去災禍的話，那你的意思是蝗災是因為沒有德行造成的？現在蝗蟲大肆啃食農作物，你卻坐視不理，等到秋天顆粒無收的時候，恐怕你也難逃罪責。」倪若水這才意識到事態的嚴重，急忙發動百姓開始消滅蝗蟲。

　　雖然姚崇的滅蝗蟲的方法很有效，蝗災緩減了不少，但朝中大臣卻議論紛紛，認為姚崇滅蟲不是一件好事，怕惹來更大的災禍。唐玄宗聽了這些議論，也有些動搖起來了，他問姚崇到底怎麼辦才是對的，姚崇不慌不忙地答道：「做事要學會變通，不能一味遵循老規矩。歷史上發生了很多蝗災，就是因為沒能及時撲滅，最後爆發了嚴重的饑荒。現在山東、河南儲存的糧食不多，如果不及時抑制蝗災的話，將來百姓一定會因為沒有糧食，而四處乞討，到那時，國家就危險了。臣知道皇上素來仁慈，不喜歡殺戮，這件事情就交給臣處理。如果臣沒辦好此事，就請皇上革掉臣的官職。」唐玄宗這才同意了他的意見。

　　姚崇辭別唐太宗後，在宮殿門口碰到了一個宦官。宦官對他說：「殺蟲太多，總是傷了天地之間的和氣，希望您能慎重考慮。」姚崇說：「有利於百姓的事情，我一定會去做的。現在蝗災雖然嚴重，但還是有希望消滅的。再說如果殺蟲

有傷和氣的話，那麼等百姓餓死的時候，難道就不傷和氣了嗎？」最後，在姚崇的領導下，蝗災很快就被消除掉了。

　　唐玄宗勵精圖治，除了任用姚崇以外，還任用張九齡、張說、韓休等一大批賢臣來輔佐自己，實施了很多富有成效的措施，使得農業生產有了很大的進步。歷史上把這個時期稱為「開元盛世」。

【故紙揮塵】

　　孔子說：「政者，正也，其身正，不令而行；其身不正，雖令不從。」這是古代良相賢臣必須所具備的重要條件，但僅僅到這一點，對於宰相來說，卻仍然不夠。宰相是為百官之首，一人之下，萬人之上，享有至高無上的權利，但必須具有「在其位，謀其政」的責任和相應的才能，才有可能成為真正的賢相。姚崇真正做到了這一點，他從政期間，盡職盡責，一心為國為民，贏得了百姓的尊重和帝王的信任。所以，不論一個人在任何職位上，都應該做到「在其位，謀其政」，也只有如此，才能成就一番事業。

任知府包拯展才智

　　包拯，字希仁，合肥 [050] 人，考中進士後，被任命為建昌 [051] 知縣 [052]。但因為父母年老，所以他辭官不去赴任，留在家中，細心奉養雙親，直到他們去世。一直到包拯的喪期滿後，他才戀戀不捨地離開家鄉，出任天長 [053] 知縣。

　　一天，有個農民來縣衙鳴鼓告狀，說不知是誰割掉了牛舌頭。包拯當下就斷定，這是一起陷害案，便對農民說：「牛舌已被割去，牛肯定活不了，你趕緊回去，將牛宰了，然後把肉賣掉。」農民急忙說：「小民是來請大人主持公道的，請您一定要追究割牛舌之人。」包拯佯怒道：「一個牛舌值什麼錢？本官已准許你宰牛了，還不快退下！」原來，按照宋朝律法規定，民間私宰耕牛是犯法的，但既然有知縣大人的准許，那位農民回家就把耕牛殺掉了。鄰近百姓畏懼律法，不敢輕易宰牛，如今聽說有人賣牛肉，紛紛爭相購買，牛肉很快就賣光了。

　　過了幾天，就有人來縣衙告農民私自宰牛。包拯怒聲質問道：「你為何要割人家牛的舌頭？你明知牛被割掉舌頭，

050　合肥：今安徽合肥縣。
051　建昌：今遼寧省建昌縣。
052　知縣：官名。唐稱佐官代理縣令為知縣事。宋常派遣朝廷官員為縣的長官，管理一縣行政，稱「知縣事」，簡稱知縣，如當地駐有戍兵，並兼兵馬都監或監押，兼管軍事。
053　天長：今安徽省天長市。

是活不了幾日的，人家殺牛，是迫於無奈，而你卻還來告
他。你一定是農民的仇敵，故意割掉牛的舌頭陷害他，以洩
私憤，對不對？」那個人聽後，大驚失色，當下跪地認罪。
從此，包拯善於斷案的名聲，四處傳開了。

　　後來，包拯被任命為龍圖閣 054 大學士，後人多稱他為
「包龍圖」。幾年後，包拯又被調任河南開封，擔任知府，負
責京都各項事宜。包拯為人剛正，不畏權貴，一些皇親國戚
不敢輕易冒犯他，囂張的氣焰也有所收斂。包拯在任期間，
大開正門，方便百姓直接到他面前申冤。不論遇到什麼案
件，包拯都會當堂審理，立剖曲直。有時候遇到疑難案件，
包拯必會多方調查，一定要將案子查個水落石出。包拯鐵面
無私，打擊豪強，伸張正義，名動京都，婦孺皆知，民間還
流傳這樣一句話說：「關節不到，有閻羅、包老。」

　　宋仁宗一直沒有兒子，按照規定，他可以從宗室子弟裡
挑選一個，作為將來皇位的繼承者。但宋仁宗卻有些不甘
心，不肯放棄自己生兒子的希望，所以一直不立太子。但如
果不立太子的話，萬一宋仁宗有什麼不測，必會造成朝政混
亂。包拯為此也十分擔憂，遂入宮進諫道：「太子之位長久
空缺，天下為之擔憂，而您為什麼遲遲不決定呢？」宋仁宗
問包拯說：「那你想讓誰當太子？」包拯答道：「臣請求皇上

054　龍圖閣：宋代閣名。專門存放皇帝御書御畫、皇家重要文獻及寶瑞等物，配
　　　置學士、直學士、待制、直（龍圖）閣等人員。

早日立太子，是為了天下社稷。而您卻問我想讓誰做太子，這不是懷疑我嗎？臣年將七十，是行將就木之人，立誰為太子，對我來說都沒什麼好處了。」宋仁宗高興地說：「我知道你是忠心的，也請你放心，我會慎重考慮這件事情的。」

　　包拯為人正直，從不會隨意附和別人，他嫉惡如仇，非常反感官場上的一些不正之風。他做官以後，就與親友斷絕了來往，從不為他們謀取私利。包拯曾說過：「後世子孫有做官的，如果有貪汙受賄的行徑，不准進家門，死後也不能埋在祖墳。不遵從我的話者，不是我的子孫。」包拯六十四歲那年在開封病逝，諡號「考肅」。

【故紙揮塵】

　　包拯為官二十幾年中，鐵面無私，不徇私枉法，為民做主，因而贏得「包青天」的讚譽。包拯心繫國家，關愛百姓，不會為自己的私利而斤斤計較，以博大的胸懷和一顆公正的心對待所有的人和事。他的浩然正氣威懾奸佞，驚醒帝王，成為正義的化身，永遠值得後人學習。

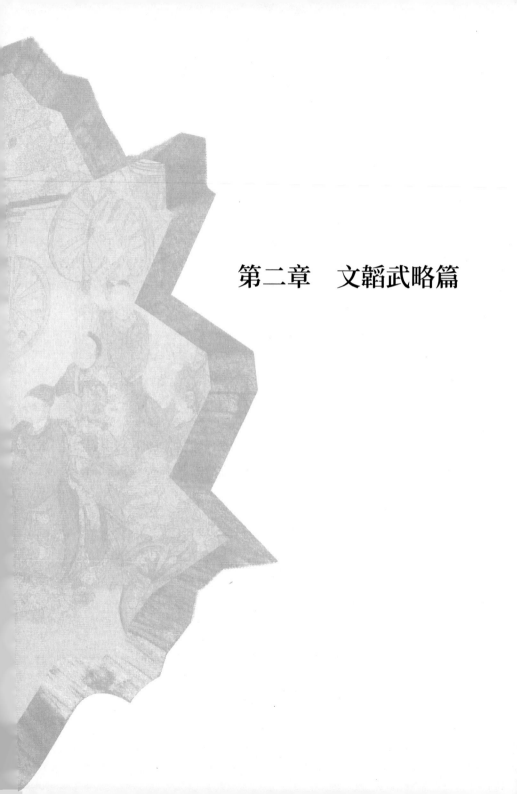

第二章　文韜武略篇

═ 棄戰艦吳軍破楚國 ═

　　春秋時期，吳國和楚國為了爭奪霸主的地位，互相征戰不休。吳國闔閭繼位後，雄心勃勃，立志稱霸天下。他勵精圖治，發展經濟，整頓吏治，任用軍事家孫武為將軍，積極訓練兵馬。幾年之後，吳國大治，國富兵強。

　　這時，楚國起兵攻打吳國的附屬國蔡國，蔡國急忙向吳國求助。吳王得知這個消息後，認為破楚的機會到了，遂打起鋤強扶弱的旗號，任命孫武、伍子胥為將，吳王的胞弟夫概為先鋒，率領三萬大軍，分坐戰船，由淮河 055 溯水西進，直趨蔡國。

　　楚軍見吳兵聲勢浩大，急忙退兵，回師防禦本土。蔡國之圍既解，孫武突然傳令全軍捨船登岸，由西改為向南出發。伍子胥不解其意，便問孫武捨船的原因，孫武答道：「逆水行舟，行軍速度緩慢，楚軍肯定會加緊防備，到時候就很難破敵了。」孫武以三千五百名為先鋒，迅速地通過楚國北部三關險隘，不出幾日，吳國便挺進到漢水 056 東岸。

　　楚昭王聽說吳軍來攻，大吃一驚，急派左司馬 057 沈尹戌

055　淮河：淮河流域地處中國東部，介於長江和黃河兩流域之間。發源於河南省桐柏山老鴉叉，東流經河南、安徽、江蘇三省，在三江營入長江。
056　漢水：亦稱漢江，發源於陝西省漢中市，是長江最長的支流，屬於長江一級支流。
057　左司馬：是古代的軍官，分左右司馬，執掌軍政。

和令尹囊瓦傾全國兵力二十萬，趕至漢水西岸布防。囊瓦求功心切，在還沒有做好準備的情況下，就率領楚軍渡過漢水，向吳軍進攻。孫武知道吳軍千里奔襲，不宜長久作戰，正思慮進兵之策，忽然聽聞楚軍主動出擊，當即傳令全軍由漢水東岸後撤，引誘楚軍來追。囊瓦見吳軍主動後撤，以為吳軍膽怯，率軍猛追。吳軍在小別山[058]迎戰楚軍，大敗楚軍。囊瓦率領殘兵敗將，連夜奔馳，一直跑到柏舉[059]才停了下來。

　　囊瓦不甘心失敗，重新整頓兵馬，安營立寨，準備與吳軍決一死戰。吳軍很快追了上來，囊瓦忙傳令全軍列陣候敵。吳軍前鋒對吳王闔閭說：「囊瓦這個人貪婪又沒有仁義，人心盡失，楚軍將士沒有人願意為其賣命。如果我軍發動突襲，楚軍必會一觸即潰，我軍主力隨後追擊，一定能徹底打敗楚軍。」闔閭不許。夫概只好告退回到營地，對部下說：「現在是擊潰楚軍的絕佳時機，如果錯過這次機會，等楚軍援兵一到，我們就危險了。更何況，為臣者就應該見機行事，不必等待命令。」於是，夫概率領本部五千兵馬，奔襲楚營。楚軍全無防備，頓時大亂。闔閭見夫概突襲楚營成功，馬上率領主力攻打楚軍，楚國很便敗陣下來，開始潰退。

058　小別山：今湖北漢川東南。
059　柏舉：今湖北麻城市境內。

　　吳軍一直將楚軍殘部追到清發水[060]，趁楚軍渡河剛渡到一半時，吳軍發動猛烈的進攻，大獲全勝。楚軍殘部繼續逃跑，吳軍緊追不捨，五戰五捷，一直追到楚國都城郢都城下。

　　楚昭王聽說吳軍兵臨郢都，不顧大臣們的反對，也不顧全城軍民的生死，在幾名親隨的保護下逃離楚都。消息傳到前線，楚軍軍心大亂，吳軍徹底擊敗楚軍，順利攻入郢都。

【故紙揮塵】

　　柏舉之戰是春秋末期一次規模宏大、影響深遠的大戰，在這場戰役中，吳國以三萬兵力，擊潰楚軍二十萬，創造了中國戰爭史上以少勝多、快速取勝的光輝戰例。戰爭之初，吳、楚兩國的兵力懸殊，楚軍雖有二十萬軍隊，但將領用兵無方，屢次採用錯誤的計策，將弱點暴露給了吳軍，吳軍乘勢猛攻，不給楚軍留任何喘息的機會，最終大敗楚軍。面對屢戰屢敗的敵人，不能給敵人喘息的機會，應該趁勝對其窮追猛打，通常都能大獲全勝。

060　清發水：今湖北安陸縣。

欲擒故縱君王平叛

　　春秋時期，鄭武公的夫人武姜有兩個兒子，長子叫寤生，次子叫共叔段。寤生出生時，武姜難產差點送了命，因此十分討厭寤生，而只偏愛共叔段。兄弟倆漸長之後，武姜便經常在鄭武公面前誇讚共叔段如何賢明，勸說鄭武公廢長立幼，把共叔段立為太子。鄭武公以長幼有序為由，斷然拒絕。

　　鄭武公去世後，寤生順利繼位，即鄭莊公。武姜見小兒子共叔段手中既無權利，也沒有食邑[061]，十分不平，便對鄭莊公說：「共叔段是你的親兄弟，你繼承王位，尊貴無比，而共叔段卻無權無職，你身為兄長於心何忍？我身為你的母親實在看不下去了，你看把制邑[062]封給共叔段如何？」鄭莊公連連搖頭說：「制邑是我國最險要的城池，先王臨終前再三囑咐寡人不能分封給任何人，兒子怎能違背父命？」武姜見鄭莊公不肯答應，便退而求其次，說：「那就把京邑分封給共叔段。」京邑也是一座很重要的城池，鄭莊公也不情願分封，但又不知道該怎麼拒絕，只能沉默不語。武姜見狀，勃然作色道：「你若是再不答應，那就將共叔段驅逐到別的國家，使其另謀生路，養家糊口！」鄭莊公無奈，只好將京邑分封給

061　食邑：古代君主賜予臣下作為世祿的封地。
062　制邑：今河南省滎陽市區西北十二公里、峽窩鎮上街村。

了共叔段。大臣祭足勸道：「自古天無二日，國無二君。京邑土地肥沃，百姓眾多。更何況共叔段是太后的愛子，如果賜封大城，時間久了，恐怕會有肘腋之變。」鄭莊公無奈地說：「寡人何嘗也知道這樣做不妥，但母命難為啊！」

共叔段前往制邑之前，入宮向武姜道別。武姜摒退左右，囑咐共叔段說：「你哥哥不念及兄弟之情，對你一向刻薄寡恩。今日將京邑分封給你，是我再三懇求的結果，日後必然會反悔。你到京邑後，一定要招兵買馬，籌備軍糧，等時機成熟了，我們來個內外夾擊，一定可以奪取大權。你如果能取代寤生登上君位，我就是死了也沒什麼遺憾了。」共叔段大喜，當即領命辭出，前往京邑。共叔段剛到京邑，就加高加寬城牆，奪取邊境軍隊的指揮權，接著，又託名出獵，攻克了兩座城池，不斷擴張自己的勢力。

鄭國大臣公子呂對共叔段積極擴軍並流露出反叛的行為十分不滿，便勸諫鄭莊公說：「如果您不及早除掉共叔段，後果不堪設想。」鄭莊公卻是微笑不語。公子呂又說：「臣知道大王您念及兄弟情誼，對共叔段十分信任。可他自持京邑易守難攻，日夜訓練兵馬，已有篡國奪位之心。成大事者豈能有婦人之仁，當斷不斷，必受其亂，還望您早日做決斷。」鄭莊公見公子呂對自己忠心不二，十分高興，便對他說：「共叔段雖然不忠，但未公然反叛。如果寡人現在誅殺他，母后必會從中阻撓，別人也會說寡人是個不友、不孝之人。所以

寡人故意隱忍不發，任他胡作非為。等他按捺不住、起兵造反的時候，寡人再出兵攻打他，將他的罪行昭告天下，就沒人敢站出來為他說話了。」公子呂聽後大吃一驚，忙說：「原來大王您早就有所防備。」於是，兩人又密議一番，商量出除去共叔段的計策。

　　次日，鄭莊公假傳詔令，說自己要去朝見周天子，面君輔政，命大臣蔡足監國。武姜得知大喜，馬上派人通知共叔段起兵。鄭莊公派公子呂帶兵埋伏在京邑附近，等共叔段率兵離開京邑後，公子呂讓軍隊扮作商賈模樣，混入城中，輕而易舉拿下了京邑，並四處張榜安民，榜中宣揚了鄭莊公的恩義大度，斥責共叔段的忘恩負義。滿城百姓議論紛紛，都在譴責共叔段犯上作亂的罪行。

　　共叔段行至半路，忽然聽聞京邑被攻占的消息，大驚失色，當即命令軍隊日夜奔返，企圖重新奪回京邑。叛軍將士見歸路已斷，軍心大亂，又聽說鄭莊公賢明仁義，而自己則是助紂為虐，於是紛紛潰逃。共叔段見軍隊跑了一半，知道京邑是無法奪回來了，只好逃到共城 [063]，閉門死守。鄭莊公也親率大軍，與公子呂合兵一處，不費吹灰之力便將共城攻破。共叔段見大勢已去，仰天長嘆道：「母后誤我，我還有何面目見兄長呢？」遂拔劍自刎。

063　共城：今河南省輝縣。

【故紙揮塵】

　　對於共叔段肆無忌憚的行為，鄭莊公心知肚明，但因顧慮到多方面的因素，他採用「任其發展，陷其不義，後發制人」的策略，故意放縱對方，以爭取輿論的支持，最後順利平定叛亂。相對搶先一步來說，後發制人的以退為進，往往更能達到出奇制勝的效果。搶先一步雖然厲害，但如果不能一招制敵的話，自己則會很被動，這就給先退一步的人製造了反客為主的機會了。生活中，如果我們只知道一味地前進，卻忘記了身後還有一個更廣闊的世界，最終會走入一個極端，碰得頭破血流，才悔不當初。所以，知進不忘退，才是真正的智者。

＝田單孤城光復齊國

　　田單，是齊國田氏宗親，只是關係很疏遠，在齊閔王時期，田單身為都城淄博的市場管理人員並沒有多大的名氣。等到燕國大將樂毅攻伐齊國時，田單才開始浮出水面，開始了自己的人生征途。

　　那一天，聽說燕國的大軍向安平城開來，城裡的王公貴族和平民百姓紛紛外出逃命，田單也帶領著族人準備逃跑，

他沒有著急逃跑，而是先讓族人把車軸兩頭的尖端部分削去，再用鐵箍緊加固。等到燕軍再追殺過來的時候，齊國人為了搶道，半路上車軸都相互撞壞了，被追趕而來的燕軍俘獲，只有田單的族人因為車軸包鐵的緣故得以逃脫。

當時，燕大軍長驅直入，連破齊國七十多座城池，只剩即墨[064]和莒[065]這兩座城池沒有被攻打下，齊國危在旦夕。齊閔王在莒城被殺，他的兒子法章在莒城繼位稱王，號召所有的齊人救國。這時候田單逃往即墨，即墨的守將戰死。即墨人說道：「安平之戰只有田單帶領族人用車軸包鐵逃了出來，足見他懂得兵法。」一致推薦田單為將軍，堅守即墨城。

不久，燕國燕昭王死了，新的君主燕惠王繼位，燕惠王和大將樂毅有過摩擦和誤會。田單知道後便使出了一招離間計，使人在燕國散布謠言說：「齊王已經死了，就剩兩座城沒有打下，大將軍樂毅擔心被殺而不敢回燕國，他名義上是在繼續攻打齊國，實際不過是想在齊國稱王，齊人現在還沒有依附於他，因此那兩座城池才遲遲沒有被攻陷。齊人最怕的是燕國派出別的將領，這樣即墨和莒就危險了！」燕惠王深信不疑，派出親信騎劫代替樂毅。

樂毅返回燕國後，燕軍士兵感到十分氣憤。田單讓城中

064　即墨：在今中國山東半島西南部。即墨，應讀作節墨，墨，墨水也，因墨水穿城而過而得名。

065　莒：莒為地名，始自原始社會東夷民族的莒部落，在今山東東南部，從屬日照市，莒文化與齊文化和魯文化並稱山東三大文化。

百姓吃飯前必須先在庭中祭祀祖先，天上覓食的鳥兒都飛舞在即墨城的空中，不適下去啄食，燕軍見了感到十分奇怪。田單便向外聲稱有神人下凡來教他，告訴城裡人說：「城裡會有神人來當我的老師。」

一個士兵說：「我可以做老師嗎？」說完就往回跑。田單急忙把那個士兵拉回來，請他上坐，當做老師來侍奉。士兵偷偷告訴田單說：「我欺騙了您，其實我沒有那個本事。」

田單說：「此事你知我知，你千萬不要再說破了。」照樣把他當做老師侍奉，每次發布命令都說是神師的旨意。田單揚言說：「我最怕燕國人把齊國的俘虜割掉鼻子，在打仗時放在前面和我們作戰，這樣即墨必敗。」燕人聽說了，便像田單說的那樣做了。

城裡的人看到城外的同胞都被割掉鼻子被燕軍驅趕在陣前都十分憤怒，一個個都堅守城池，不想讓自己成為俘虜。

田單又說：「我最怕燕國人把城外的祖墳都挖了，把屍骨刨出來，這樣即墨人都會十分痛心和害怕。」燕軍像上次一樣照辦了，把城外的即墨人的祖墳挖了乾淨，焚燒死人。即墨人在城牆上看見了，都忍不住哭泣，人們請求出戰，比之前憤怒十倍。

田單看見士兵士氣高漲，知道決戰的時候來了，於是親自修理城防工事，把自己的妻子和兒女也編入到隊伍之中，

把飲食都拿了犒勞將士。田單要精銳的士卒隱藏起來，派遣老弱婦幼登上城牆，使人向燕軍請求投降，燕軍都高興地大叫萬歲。

田單又收到民眾捐出的黃金，讓即墨的富豪拿著這些錢去賄賂燕軍的將領，說道：「即墨就要投降了，希望將軍帶領士兵入城時不要傷害我的家人，讓他們安寧。」燕將大喜，答應了這些請求，從此也更加懈怠。

田單又收集城中上千頭牛，披上綠布，畫上詭異的龍紋，牛角上綁著刀刃，尾巴上掛著浸泡油脂的蘆葦，再用火點燃。即墨人在城下挖了數十個大洞，晚上趕著牛出城，五千名壯士跟在後面。牛尾被燒熱時，牛群發怒，狂奔到燕軍的陣營裡，燕軍大驚，牛尾上綁著火把，照見牛身上全是龍紋，所到之處，非死即傷。五千壯士悄悄地跟在後面擊殺燕軍，城中敲鼓助威，老百姓也把家裡的銅器拿出來敲打，一時助威聲震天動地。燕軍又驚又怕，陣腳大亂，大敗而退。齊人接著殺了燕國大將騎劫，燕軍混亂逃走，齊人在後面掩殺，一直往北追去，所經過的被燕軍占領的城池紛紛歸順，田單的兵力越來越強盛，最終追到了黃河附近，燕軍完敗，所占領的七十多座城悉數光復。

於是齊人在莒城迎接齊襄王法章，把他送到原來的都城淄博處理政事，齊襄王知恩圖報，封田單為安平君。

【故紙揮塵】

　　在國破家亡的危機關頭，田單力挽狂瀾，憑藉超人的智慧和毅力，將強大的侵略者趕出家園，光復祖國。田單將局面扭輸為贏，每一步都十分謹慎小心，看似很平常的策略卻勾勒出了一幅勝利的藍圖，從他身上我們可以知道：成功的藝術在於細節。

═ 示弱小趙奢巧用兵 ═══════

　　戰國時期，秦王任命胡陽為將，率軍攻打韓國，秦軍駐守在閼與[066]。韓國聽聞秦軍壓境，連忙派使者向趙國求援。趙惠文王召集百官商議，該不該發兵去援助韓國。

　　大將廉頗說：「去往閼與的路途遙遠，秦軍所駐守的地方地形險要，易守難攻，恐怕難以取勝。」將軍樂乘也贊同廉頗的說法。趙惠文王聽後，又徵詢大將趙奢的意見。趙奢說：「去往閼與的路途確實很遠，閼與的地形也確實很險要，但這就像洞穴裡有兩隻老鼠相爭，結果必然是勇敢者取得勝利。」於是，趙惠文王便派遣趙奢率領五萬軍隊前去援救韓國。

　　當趙軍行至離趙都邯鄲僅僅三十里地時，趙奢就下令停止行軍，安營紮寨，並傳令三軍說：「誰要敢向我談論進軍之

事，本帥定斬不饒。」這時，秦軍已經到了武安[067]，準備攻取武安。秦軍發動進攻時，擊鼓吶喊，聲音響徹雲霄，附近人家的屋瓦都隨之震動。有一位將軍勸說趙奢進軍，幫助武安軍民抗擊秦軍，趙奢勃然大怒，當即命人將其斬首示眾。趙軍駐守營地二十八天，重新加固了堡壘，沒前進一步。

　秦將胡陽聽說趙國派兵救韓，十分緊張，但很長時間過去了，也沒見到趙軍的影子，心中十分納悶，便派探子去前方打探，結果得知趙國確實派出了援兵，主將就是趙奢。只是趙奢率軍離開邯鄲三十里地後，就停滯不前了。胡陽聽後，更加困惑了，便派使者出使趙軍，刺探趙軍虛實。

　秦使到了趙軍後，趙奢親自出迎，備上豐盛的酒宴，盛情款待秦使。秦使酒足飯飽後，就辭別了趙奢，返報胡陽說，趙奢還在不停地修築營壘，看樣子像是要長期駐守在那，不打算前進了。胡陽這才信以為真，大喜道：「趙軍離開國都三十里就不敢前進了，竟然還修築堡壘堅守，很顯然，趙軍是懼怕我軍啊，看來真的沒人來援助韓國了。」

　趙奢送走秦使後，馬上命令全軍收拾行裝全速前進。急行軍一天一夜後，趙軍就抵達了閼與，趙奢命令軍隊在離閼與五十里處安營紮寨，修築堡壘。正在圍攻韓國的秦軍聞訊大驚，忙抽調出一部分兵力，前來攻打趙軍。這時，趙軍將

067　武安：今河北武安市。

領許歷請求與趙奢談論用兵之事，趙奢同意了。許歷說：「閼與只有北山的地勢最高，將軍若能搶先攻占此地，就能占據主動地位，一定能大敗秦軍。」趙奢高興地說：「本將正有此意。」隨即命許歷率領一萬精兵，迅速占據了北山。

秦軍到後，企圖與趙軍爭奪北山，趙軍居高臨下，用箭射退了秦軍。胡陽大怒，指揮將士四下尋路，忽聽殺喊聲四起，趙奢親率大軍殺向秦軍，殺得秦軍無處躲藏，大敗而逃，順利解了閼與之圍。

【故紙揮塵】

趙奢率軍援救韓國，卻先躲在遠處安營紮寨，修築防禦工事，擺出一副畏懼秦軍的樣子。等秦軍麻痺大意，不防備的時候，趙奢急行軍到前線，占據有利地形，將秦軍一舉攻破。主動向敵人示弱，不僅是軍事上的謀略，更是立身處世的技巧。生活中，鋒芒過於外露必然會遭到別人的嫉妒，最高明的辦法就是巧妙地、不露聲色地暴露自己一些缺點，讓別人覺得你不是十全十美的人，這樣一來，就能消除彼此的隔閡，化敵為友。

謀保國蘇代赴秦國

　　戰國時期，秦國大將白起在長平[068]坑殺趙軍四十萬，趙國主力盡喪，瀕臨亡國。接著，白起乘勝轉兵攻打趙國的領邦韓國，一口氣攻克十七座城池，直逼趙國都城邯鄲[069]，趙國上下一片恐慌，情勢十分危急。平原君的門客蘇代不願坐等亡國，遂向趙王主動請命，說自己願意冒險赴秦，從中斡旋，使秦國主動退兵。趙王與群臣商議後，覺得這是目前最好的辦法，決定派蘇代出使秦國。蘇代辭別趙王后，帶著厚禮直奔秦國而去。

　　到了秦都咸陽後，蘇代去拜見秦國的丞相范雎，對他說：「白起經過長平一戰，名揚天下，現在他又準備圍攻邯鄲，一旦滅亡了趙國，他就是秦國統一天下的大功臣，秦王也就能稱帝了。如今，我是為您擔心啊！雖然您現在的地位在他之上，可是如果有一天他幫助秦王統一了天下，那您就不得不位居其下了。據我所知，白起為人倨傲，常常會利用手中的權勢打壓與他作對的人。這些情況，您想必比我更了解吧。」蘇代巧舌如簧，一語擊中了范雎的要害，范雎沉默不語。過了好一會兒，范雎才問蘇代有什麼應對之策。蘇代沉吟一番，說：「趙國現在兵力空虛，不足為慮，您何不趁機

068　長平：在今山西高平西北。
069　邯鄲：今河北省邯鄲市。

勸說秦王同意暫時退兵講和。這樣既能剝奪白起的兵權，又能鞏固您的地位，可謂一舉兩得。」

范雎聽得動了心，當即入宮面奏秦王說：「秦國將士常年征戰，疲憊不堪，需要休整一段時間，不如暫時罷兵，同意趙國割地求和的請求。」秦王一聽，覺得范雎說的話很有道理，便同意了。結果，趙國獻出六座城池，秦國退兵。沒過幾天，白起便接到了秦王的詔書，令他班師回國。白起不想撤軍，他覺得放過這次滅亡趙國的機會，真是太可惜了，但君令難違，他只能班師回朝。回國後，他才知道是范雎從中作梗，但也無可奈何，兩人從此生了仇隙。

兩年後，秦王決定再次攻打趙國，想任命白起為將，但他臥病在床，只能改派王陵率軍圍攻邯鄲。這時的趙國吸取了長平之敗的教訓，重新起用了老將廉頗。在廉頗嚴密的防守下，秦軍不僅無隙可乘，反而傷亡了不少將士。秦王聞訊大怒，再次命令白起掛帥出征。白起說：「趙國將軍廉頗，身經百戰，善於用兵，不是當年趙括所能相比的；再說，現在兩國已經議和，現在突然違反盟約，進攻趙國，會失信於天下，以後諸侯肯定不會再信任秦國了。所以，此番出征，不容易取勝。」

秦王無奈之下，又派范雎去遊說白起。白起見范雎來了，便裝病在床，並以病勢沉重，不能擔此大任為由，堅決

不肯答應帶兵出征。范雎只好如實返報秦王，秦王嘆了一口
說：「除了白起，難道秦國就無將可用了嗎？」於是又派王
陵為將，率軍進攻邯鄲，可戰事進行了五個月，仍然毫無進
展。秦王又一次命白起出征，白起仍然以病體尚未康復為
由，婉言拒絕了秦王。秦王見白起軟硬不吃，氣得暴跳如
雷，削去他的官職，貶為庶民，趕出咸陽。

　　為了永絕後患，范雎向秦王進言說：「白起身遭流放，
一定心懷怨恨，如果讓別的國家得到他，必然是秦國的心腹
之患。」秦王秉性多疑，聽范雎這麼一說，急忙派人賜劍白
起，令其自殺。白起被逼無奈，只好接劍自刎而死。

【故紙揮塵】

　　秦將白起大破趙軍，滅掉趙國指日可待。危機之
中，蘇代挺身而出，挑起秦國大臣范雎的嫉妒之火，讓
白起與范雎產生爭鬥，結果使得攻打趙國的計畫流產。
做大事需要同僚之間齊心協力、互相信任，共同朝一個
方向努力才能獲得成功。同時，同僚之間會有不服氣對
方的較勁之心，如果從這樣方面入手，挑撥敵方同僚的
關係，往往能輕易得手。

曹操兵敗赤壁之戰

　　東漢末年，漢室衰微，各地軍閥長期混戰，民不聊生。曹操統一北方後，揮師南下，打敗了劉備，攻占了荊州，劉備被迫退守夏口 [070]。曹操野心勃勃，想先滅劉備的同時，吞併孫權占據江東地區。劉備的軍師諸葛亮覺得形勢險惡，單憑劉備的一己之力，與曹操抗衡，無異於以卵擊石，遂主動請命，前去江東向孫權求救。

　　此時，曹操一面率軍沿江東下，一面派使者送來戰書給孫權，信上說：「我奉大漢天子之命，誅討逆賊，現在我率領八十萬雄師，希望能和將軍一決雌雄，望將軍做好準備。」

　　孫權看完，將信傳給群臣看，眾人臉色一變，驚得話都說不出來了。大臣張昭進言道：「曹操用天子的名義征討，我們若起兵抗拒，則名不正，言不順。再說曹操如今已占據了荊州，擁有千餘艘戰船，我們唯一能與之抗衡的長江天險也就失去了。曹操有雄師八十萬，手下謀士虎將多如牛毛，我們哪裡是他的對手呢？我看還不如及早歸降。」聽了張昭一番話，馬上就有人隨聲附和。只有謀士魯肅不發一言，冷冷地看著眾人。

　　孫權很失望，一臉不悅之色，群臣知趣告退，只有魯肅一個人留了下來。孫權知道魯肅有話要說，便拉著他的手問

070　夏口：今湖北省武漢市。

道：「現在大家主張投降曹操，你有什麼更好的辦法嗎？」魯肅說：「方才張昭所言，全是為自己考慮。如果投降曹操，江東所有官員最多就是失去官位，安然歸鄉，運氣好的，還能在曹操手下謀取一官半職。而將軍您身為江東之王，即是投降，曹操能放過您嗎？願將軍早作打算，不要被眾人之言所迷惑。」孫權長嘆一聲，說：「不論到什麼時候，只有你一個人真心替我著想啊。」

　　此時，諸葛亮也到了江東，拜見孫權。諸葛亮見孫權生得虎背熊腰，紫髯碧眼，目有精光，知其絕不是庸才，遂開門見山道：「曹操乃虎狼之輩，現在已經占領荊州，馬上就要會師進犯江東了。如果將軍決心抵抗，就與我將主公一同抗曹；否則棄械歸降，臣服曹操，也能苟全性命。而將軍現在卻徘徊猶豫，當斷不斷，等大禍臨頭就來不及了。」孫權勃然作色道：「劉將軍為何不投降曹操呢？」諸葛亮正色道：「劉將軍堂堂漢室後裔，英雄蓋世，天下仰慕，劉備若是不能光復漢室，也是天意使然，怎能卑躬屈膝投降曹操呢？」聽諸葛亮這麼一說，孫權情緒更加激動，拍案說道：「我父兄辛辛苦苦打下來的東吳江山，我怎能輕易拱手送人呢！不過劉將軍剛剛打了敗仗，用什麼來抵抗曹操？」諸葛亮說：「請將軍放心，劉將軍雖然打了敗仗，但還有兩萬水軍，足可一戰。只要我們齊心合力，一定能合敗曹軍。」

　　這時，孫權手下大將周瑜也入見孫權說：「曹操對外宣稱有八十萬雄師，這是虛張聲勢，其實不過二十萬，而且都是疲憊之軍，沒有多少戰鬥力。將軍只要撥給我數萬人馬，我一定能打敗曹軍。」孫權聽後，仍然有些擔心。周瑜便說：「曹操此番南下，多犯兵家之忌：第一，曹操名為丞相，實為漢賊。今孫劉兩家聯手討伐曹操，為國除奸，是順應民意之舉；第二，北方有馬騰、韓遂作亂，這是曹操的後患；第三，曹軍多為北方人，善陸戰，不熟水戰，到南方捨鞍棄馬，使用舟船，棄長用短，與我爭衡，無疑於自尋死路；第四，時值隆冬，曹軍缺乏糧草。曹軍犯此數忌，雖多必敗。」

　　孫權聽了周瑜的一番話後，信心大增，高聲說道：「我與曹賊勢不兩立！」說著，拔出寶劍，猛地將砍掉桌案的一角，向眾人宣布道：「眾官如果有人再言降曹者，如同此案！」

　　後來，孫劉兩家合兵一處，同心協力，火燒赤壁[071]，大敗曹軍。曹操退回到北方，劉備趁勢奪取了荊州，形成了魏、蜀、吳三國鼎立的局面。

071　赤壁：今湖北赤壁西北。

【故紙揮塵】

曹操打著正義的旗幟，率兵南征，浩浩蕩蕩，一路南下，先破荊州，再敗劉備，可謂勢如破竹。江東重臣畏懼曹操的勢力，鼓噪投降，但經過諸葛亮、周瑜和魯肅三人的一番利弊分析後，孫權決定聯合劉備抗曹，在赤壁之戰中大敗曹操，奠定了三國鼎立的基礎。由此可見，面對強大敵人時，不能一味逃避，要主動團結身邊弱小的勢力，共同對敵，才有生存和發展的可能。

白登山陳平救劉邦

秦朝時期，北方匈奴逐漸強大了起來，不斷南下侵擾秦朝邊境，後被秦國大將蒙恬所敗，遂又退回北方，十幾年不敢南下。秦朝滅亡後，楚漢相爭，無暇顧忌北方，匈奴蠢蠢欲動，又開始入侵中原。

後來，劉邦滅了項羽，建立西漢，開始整頓邊防，派將軍韓王信鎮守馬邑[072]，防禦匈奴。不久後，匈奴的冒頓單于率領四十萬大軍包圍了馬邑，韓王信抵擋不住匈奴的進攻，便向冒頓求和。劉邦得知後，派使者責備韓王信。韓王信擔心劉邦會殺了他，索性獻城投降了匈奴，並與匈奴合兵一

072　馬邑：今山西省邑縣。

處，進攻太原[073]。

劉邦得知韓王信反叛，勃然大怒，決定御駕親征。漢高祖六年（西元前二○○年），劉邦親率三十萬大軍北征匈奴。匈奴單于冒頓富有謀略，善於用兵，剛與漢軍交鋒，便佯裝敗退，劉邦唯恐放走了冒頓，親率一支軍隊，窮追不捨，一直追到白登山[074]，匈奴伏兵盡起，將漢軍團團圍住。劉邦一看，四面八方都是匈奴騎兵，陣地東面是一色的青馬，西面是一色的白馬，南面是一色的赤馬，北面是一色的黑馬，聲勢浩大，威武絕倫。劉邦不甘心被困，命令將士突圍，但都被匈奴兵殺退。

劉邦在白登山被圍困了七天後，援兵被阻，突圍不成，又值寒冬，糧食吃盡，將士們又凍又餓，病倒了很多人。劉邦焦急萬分，卻又想不出脫身之計，當時張良沒有隨軍出征，軍中謀士就數陳平最有智謀了，劉邦和他商量了幾次，也想不出什麼妙計，只是勸慰劉邦暫時忍耐數日，肯定會有辦法的。然而，劉邦卻是度日如年，坐臥不安，自思陳平素來足智多謀，連他都沒有良策，看來此番真要困死在白登山了。正惶急間，陳平入帳高興地說有脫身之計了，便對劉邦如此這般說了一番。劉邦聽後大喜，依計而行，派了一個有膽識的使臣，攜帶大量珠寶以及一幅圖畫，乘夜下山，直奔

073　太原：今山西省太原市。
074　白登山：也稱小白登山，今名馬鋪山，位於陝西省大同市東五公里處。

匈奴大營，用錢財賄賂匈奴守兵，說是要單獨拜見閼氏[075]，請代為通報。

原來冒頓平日最寵愛閼氏，常常帶在身邊，不離左右，對其言聽計從。此次駐營山下，閼氏常常騎馬四處遊蕩，恰好被陳平看見，決定從她身上打主意，請她在冒頓面前說些好話。恰巧，這天晚上冒頓喝醉了酒，倒在床上呼呼大睡。閼氏聽說有漢使求見，不知為了何事，便暗中召見了漢使。漢使將重禮獻上，並取出一幅圖畫，說是漢朝皇帝送給冒頓單于的，請她轉交。閼氏一介女流，見了這些奇珍異寶，早已目眩心迷，一經到手，立即收下，又展開畫軸，上面畫著一個女子，妖嬈多姿，宛若天仙，不由得心生妒意，含嗔問道：「這副美人圖是做什麼用的？」漢使答道：「漢帝被單于圍困於此，自知不是單于的對手，非常願意罷兵講和，所以將珠寶送給您，希望您代他向單于求情，可又怕單于不肯答應，就準備把我朝第一美人獻給單于。因為美人正在來軍的途中，所以先將畫像呈上，請單于看看是否滿意。」

閼氏怒聲道：「這個用不著，你快帶回去！」漢使見她中計，心中大喜，又進一步說道：「漢帝也不願意這樣做，擔心將美人送給單于，您就會失寵，但迫於眼前形勢，這也是唯一的辦法了。如果您能助漢帝脫身，我們肯定不會把美人

075　閼氏（一ㄢ ㄓ）：原為女性妝扮用的胭脂古稱。後意義擴展為漢朝的公主、還有匈奴皇后號。

獻給單于了，情願多送您一些財寶。」閼氏顧忌到自己的利益，答應了說服冒頓，並讓漢使將圖畫帶走。

　　使者走了以後，閼氏返回帳中，暗想如果漢帝不能脫身，就會把美人獻冒頓，那時候自己肯定會受到冷落，為避免夜長夢多，還是盡快勸說冒頓為好。恰巧，此時冒頓酒醒了，披衣坐起，閼氏上前說道：「方才前方探子來報說，漢朝有幾十萬大軍來救漢帝，大概明天就到了。」冒頓大吃一驚，說道：「竟然有這等事？」

　　閼氏說：「您和漢帝都是一國之主，不應該互相逼迫，現在漢帝被困在山上，漢人豈能善罷甘休？必然會捨命相救的。就算您打敗漢軍，得了漢朝的土地，但也可能會因為水土不服，無法長久居住。現在如果滅不掉漢帝，等救兵一到，內外夾攻，倘若有什麼閃失，我就不能和您在一起了。」說至此，閼氏已是淚如雨下，泣不成聲。冒頓看著心愛的美人傷心痛哭，心疼不已，於是便問道：「那妳說該怎麼辦？」

　　閼氏說：「漢帝被圍困七天，軍中井然有序，不見絲毫慌亂，這肯定是神靈相助，雖然身處險境，但最終會全身而退的。您何不遵從天命，放他一條生路，以免日後招致災禍。」冒頓為討閼氏的歡心，便下令撤走了軍隊。

　　陳平巧施美人計，使匈奴自動退兵，白登之圍，不戰而解。

【故紙揮塵】

劉邦征討匈奴，冒險輕進，結果中計，被匈奴大軍圍困在白登山，欲退無路，欲戰不能取勝，形勢萬分危急之時，陳平巧施美人計，結果不費一兵一卒，就使匈奴大軍退去。陳平的計策之所以能成功，在於他知道關氏害怕失寵的心理，抓住了關鍵因素，所以成就了走夫人路線以成事的歷史佳話。在與對手相持不下的時候，要善於觀察，快速找到對方的弱點，然後從容發力，就能達到克敵制勝的效果。

= 出奇謀張巡巧借箭 =

唐玄宗時，節度使[076]安祿山和部將史思明發動叛亂，史稱「安史之亂」。

安祿山一面親率叛軍主力向京都長安[077]進攻，一面派部將令狐潮去進攻雍丘[078]。令狐潮本來是雍丘縣令，安祿山進攻洛陽的時候，令狐潮見叛軍氣勢凶猛，心生畏懼，還沒等叛軍打過來，他就主動投降了安祿山。雍丘附近有個真源

076　節度使：中國唐代開始設立的地方軍政長官。因受職之時，朝廷賜以旌節而得名。
077　長安：今陝西省西安市。
078　雍丘：今河南省杞縣。

縣，縣令張巡是個有氣節的人，他寧死也不願投降，便招募了一千多個勇士，收復了雍丘。

令狐潮帶了四萬叛軍來攻打雍丘。張巡和雍丘將士死守六十多天，屢次打退叛軍的進攻，令狐潮軍隊傷亡過半，雍丘又久攻不下，只能引兵而去。但沒過多久，令狐潮重新集結兵馬，再次來攻打雍丘。這時，安祿山已經攻入長安，唐玄宗逃往四川避難。令狐潮得知這個消息後，高興萬分，給張巡寫了一封信，曉以利害，勸他早日獻城投降。

長安淪陷的消息很快在唐軍中傳開了，將士們議論紛紛，十分恐慌。雍丘城裡有六名將領，頗有聲望，他們看著軍心不穩，也有些動搖了，便一起找到張巡說：「現在敵我力量懸殊太大，雍丘城恐怕早晚會被叛軍攻克。再說，現在皇上逃亡在外，生死不明，我們還不如投降，還可保全性命。」張巡一聽，怒從心起，正要發作，但又極力控制住了自己，平靜地答應他們明天和大家一起商量。

第二天，張巡將城中將士召集起來，隨機又喝令來六名將領上前，當中宣布他們貪生怕死、惑亂軍心的罪名，然後下令將他們全部斬首。將士們見狀，個個血氣上湧，激動萬分，齊聲高呼道：「誓死保衛國家，絕不投降！」

隨著叛軍連番攻城，雍丘城中的箭矢消耗殆盡。張巡知道沒有箭矢，想要守住雍丘城，簡直太難了。他急中生智，

忽然有了「造箭」的辦法。當即讓將士們用稻草紮了一千多個草人，又給它們套上了黑衣服，趁著夜間，用繩子吊到城下。叛軍守兵一看城頭上有數千名士兵，沿著繩子往下爬，大吃一驚，以為唐軍要劫營，急忙向令狐潮稟報。令狐潮馬上調集弓箭手，萬箭齊發，射向草人。張巡輕而易舉得到數十萬支箭。一直到天明，令狐潮方知中計，他氣得暴跳如雷，後悔不迭。

第二天晚上，張巡故技重施，又往城下吊草人。叛軍見了不禁大罵張巡貪得無厭，又來騙他們的箭了。因此，叛軍沒有一人去理會。張巡見叛軍已被自己麻痺了，便迅速吊下五百名勇士。五百名勇士在夜色的掩護下，手持大刀，衝入叛軍大營，見人就砍，並四處放火。毫無防備的叛軍從夢中驚醒，只聽見周圍殺喊聲震天，火光四起，頓時亂成一團，敵我不分，互相踐踏，沒有絲毫招架之功，只能各自逃命。

張巡見城外勇士得手，馬上率軍衝出城來，將令狐潮追殺出十餘里外，才率軍返回。

【故紙揮塵】

張巡被強大的叛軍圍困在孤城，在箭矢用盡的情況下，他依靠自己的智謀，夜裡將草人吊到城牆騙取叛軍的弓箭，上演了一場「草人借箭」的絕妙好戲。之後，

張巡故技重施，麻痺叛軍，讓叛軍以為他又要吊草人騙箭，因而置之不理。張巡便抓住機會，將士兵放下城牆，突襲叛軍營地，最後大獲全勝。在敵我雙方對局時，如果能在瞬間抓住敵方的反應，快速調整己方的攻擊策略，主動出擊，往往能出其不意地戰勝敵方。

王處存巧取易州城

　　唐朝末年，地方節度使手握兵權，對朝廷有不臣之意。為了爭奪地盤，他們之間經常互相攻打，戰火連連，百姓生活苦不堪言。沒過多久，河東節度使李克用與盧龍[079]節度使李可舉開始爭奪易州[080]。

　　易州原來本是李克用管轄內的土地，鎮守易州的將軍是李克用手下大將王處存。王處存是西安人，他的父親王宗也當過大將軍。因此，將門之子王處存遺傳了父親善於布兵的基因，把易州守得滴水不漏，使李可舉無隙可趁。後來，在別人的引薦之下，李可舉派來一位將軍劉仁恭來攻城。劉仁恭十分有謀略，尤其擅長挖地道攻克城池。劉仁恭到了易州後，馬上拿出他的殺手鐧，命令士兵暗中挖了一條通往城中的地道。王處存毫無防備，被突然從地道中鑽出來的敵軍打

079　盧龍：今河北省盧龍縣。
080　易州：今河北省易縣。

得措手不及，易州也被敵軍占領了。

　　王處存大意失掉了易州，深感無顏面見李克用。於是，不甘心失敗的王處存在易州城外收拾殘兵敗將，整頓軍隊，想重新奪回易州城。

　　一天，王處存因無奪城計謀十分煩躁，便騎馬到野外散心。走著走著，忽然他看見不遠處的山坡上，一個牧童正騎著牛，趕著一群羊在山上吃草。從遠處一看，羊群就像一朵朵白雲似的。王處存眼前一亮，便有了奪城之計，立刻調轉馬頭，向本營奔去。

　　一回到營中，王處存便命令士兵四處尋找完整的羊皮。士兵們領命而去。不多時，士兵們就找來幾張潔白無瑕而且完整的羊皮。王處存大喜，命令士兵說：「把羊皮披在身上。」士兵們一愣，不知主將是何意，但又不敢違抗他命令，只好將羊皮披在身上。

　　王處存看了，高興地說：「爬在地上，學羊行走！」士兵們呆住了，他們暗想：主將打了敗仗，丟了易州城，心情不好，竟然拿我們來出氣。但他們看著王處存那張嚴肅的臉，心生畏懼，只好雙掌撐地，學著羊的樣子，在營帳中行走起來。

　　「好，真像一大群活羊！」王處存高興地手舞足蹈。士兵們見主將臉上有了喜色，這才敢站起來，對主將故意戲弄他們有些不滿。但王處存卻毫不在意，當即傳出命令，讓將

士們弄三千張羊皮。

　　一天，日落西山的時候，易州城上的守兵突然發現不遠處有一大群羊正向成易州城走來。盧龍部隊自從挖地道占領易州城後，一直緊閉城門，堅守城池，沒能好好吃上一頓。現在見了這麼一大群肥羊，他們如何能忍得住誘惑？爭先恐後衝出城來爭奪肥羊。

　　牧羊人似乎沒意識到眼前的危險，依然趕著羊群往前走。城內的士兵們一擁而上，正要下手抓羊時，突然，這一大群羊一齊站了起來，他們將身上的羊皮一扔，瞬間就變成了三千名全副武裝的士兵，他們手持大刀，吶喊著衝殺過來。城內的盧龍士兵全無防備，瞬間被砍掉一半，後面的士兵一見情況不妙，掉頭就往易州城跑去。

　　王處存大喝一聲，命令偽裝成羊的部隊，立刻追殺奪城。王處存的河東部隊攻入城中後，愈戰愈勇，將盧龍的部隊打得落花流水，最後成功收復了易州城。

【故紙揮塵】

　　王處存讓士兵們披上羊皮，冒充肥羊，勾起敵人垂涎美食的口腹之欲，引誘敵人出城爭奪肥羊，最後被扮成肥羊的士兵一舉擊潰，收復了易州城。對於在沙場上爭戰的士兵來說，不知道明天會不會活著，所以都有了

及時行樂的心態。有美食親自送上門來，他們自然不肯放過，所以中了誘敵之計，最後大敗。

第三章　知人善任篇

＝ 商湯用飯喜得賢才 ＝

　　商湯是古代商國國君，他的祖先契是帝嚳[081]的小兒子，曾跟大禹治理洪水，禹念其治水有功，賜其姓氏，並把一塊叫商的地方封給了他。契就在封地建立了商國，商國是夏朝的屬國。等夏桀繼承君位後，荒淫無道，天下百姓恨透了他。而這時候的商國，正是契的第十四代孫商湯執掌朝政。

　　據說，夏桀身體強健，文武雙全，可以赤手將鐵鉤拉直。但他自恃勇猛無敵，以為天下沒有人是他的對手，因此整天只知道尋歡作樂。他嫌棄宮殿過於簡陋，與他的身分不符，於是投入大量錢財，動用了成千上萬的奴隸，耗時七年，終於修建成一座規模宏大的宮殿。夏桀的愛妃十分喜歡聽絲綢撕裂的聲音，為了討她的歡心，夏桀命人將宮中所有上乘的布帛搬出來，天天撕給她聽。夏桀嗜酒如命，每當醉酒後，他都會拿人當馬騎。倘若有誰呈現出不樂意的神色，他立刻命人將他殺掉。夏桀的昏庸殘暴，使得所有人都與他離了心，都盼他早日滅亡。商湯見夏朝氣數已盡，決定順應民心，起兵滅亡夏朝。但他經過一番深思熟慮後，覺得現在時機不成熟，還缺一位富有謀略的賢士來輔佐他成大事。可是，賢士從哪裡能得到呢？為他，商湯整日憂心忡忡。

　　一天，負責商湯飲食的奴隸伊尹為他送來飯菜，商湯舉

081　帝嚳（ㄎㄨ　ˋ）：名姬夋，號高辛氏，河南商丘人，「三皇五帝」之一。

箸一嘗，發現幾個菜不是淡得沒有味道，就是鹹的發苦，叫人難以下嚥，不由一陣惱怒，當即叫來伊尹，訓斥了他一番。誰知，伊尹不但不慌亂，反而從容不迫地說：「我也知道做菜不能太淡，也不能太鹹，只有把佐料放得適當，吃起來才可口。今天我故意把菜做得有淡有鹹，是在提醒大王治理國家和做菜是一個道理，既不能急於成就，也不能鬆弛懈怠，而是要鬆弛有度，才能把國家治理得興旺發達。」商湯聽後大吃一驚，他怎麼也不能相信這番話竟然出自一個做飯的奴隸之口。他沉吟了一番，便讓伊尹講述他的身世。原來，伊尹曾在莘國做過公主的教師，莘國滅亡後，他被迫四處流亡。商湯越聽越被伊尹的經歷所打動，同時，他也發現伊尹不僅博學多才，而且胸有壯志，對夏朝的暴虐的統治極其不滿。商湯知道，伊尹就是自己苦苦尋覓的賢才，於是馬上下令解除了他的奴隸身分，並拜他為相。

隨後，伊尹便為商湯出謀劃策，先讓他歷數夏桀種種罪行，規勸被夏朝統治的部落反叛夏朝，歸順商國。那些部落審時度勢，認為商湯是仁義之君，便紛紛前來歸附，唯獨葛伯族不肯歸順，商湯便發兵滅了葛伯族。同時，伊尹建議商湯給那些犯錯之人一個悔過自新的機會。商湯一一聽從。很快，商湯的美名便傳遍了四方，得到了百姓的真心擁護和愛戴。這時，伊尹覺得討伐夏朝的時機到了，便建議商湯起

兵。於是，商湯整頓軍隊，舉行了誓師大會，然後揮師伐夏，在鳴條[082]與夏軍展開決戰。商湯大獲全勝，夏桀在潰逃中死於南巢[083]。

夏朝滅亡後，商湯建立了商朝，定都於亳[084]。在伊尹的輔佐下，商湯勤政愛民，制定了各種典章制度，鼓勵官吏為百姓多做好事，一定要做出成就，否則將會受到懲罰。因此，商朝初期，政治清明，官吏遵紀守法，沒人敢貪汙受賄，社會出現了和諧穩定的局面。商湯死後，伊尹輔佐其子外丙繼位。外丙死後，中壬繼位，伊尹輔佐中壬治理國家。中壬死後，由太甲繼位。只可惜，太甲繼位後，開始沉迷於酒色，常常不理朝政，百官為此十分擔憂。伊尹果斷將太甲軟禁在桐宮，讓他悔過自新，自己則代他掌管朝政，治理天下。三年後，太甲幡然醒悟，決心一改從前，重新做人。伊尹聽說後，非常高興，親自將他迎回宮中，並將朝政大權交還給他。

後來，太甲勵精圖治，成為一代賢君，而伊尹因「放太甲於桐」的故事，一時傳為佳話，名留至今。

082　鳴條：古地名，在今山西省安邑縣。
083　南巢：古地名，在今安徽省巢湖市。
084　亳（ㄅㄛˋ）：今河南省商丘縣。

【故紙揮塵】

　　商湯突破了帝王固有的用人局限，不因伊尹是奴隸身分，而大膽任用伊尹為相。伊尹確實是英雄有了用武之地，在他的輔佐下，商湯順利推翻了夏朝，建立了商朝五百年的大好基業。一個優秀的領導者，用人能從需要出發，不受一些條條框框的束縛，也不會存在世俗偏見，所以往往能慧眼識才，發掘出一個難得的人才。

選承嗣趙簡子出題

　　趙簡子是春秋末期晉國的大臣，他膝下有很多兒子。當時，有個叫姑布子卿的人，善於相面。有一天，他登門拜訪趙簡子，趙簡子便把所有兒子叫來，請姑布子卿為他們相面，看看誰更適合繼承他的爵位。

　　姑布子卿仔細看過趙簡子所有的兒子後，搖搖頭，對趙簡子說：「您的這些兒子都沒有福分繼承您的大業。」趙簡子聽後，十分沮喪，反問道：「那你的意思是，我趙家注定是要衰亡了嗎？」姑布子卿忽然眼前一亮，像是想到了什麼，說：「剛才我在來的路上，碰到一個孩子，我看他的模樣與您十分相像，大概是您的兒子，請把他叫來，我給他相一面，或許還有希望。」趙簡子四下一瞧，發現確實還有一個兒子

叫毋卹的沒來。毋卹的母親是一個異族來的婢女，身分卑微，趙府所有人都看不起她。毋卹頗有自知之明，知道自己是庶子[085]，而且長相普通，不得父親歡心。因此，他沉默寡言，獨來獨往，以至於趙簡子都忘記有這麼一個兒子。

　　趙簡子忙派人叫來趙毋卹，姑布子卿仔細一相面，不禁拍案而起，高興地說：「恭喜！恭喜！此子就是能繼承您大業的人選！」趙簡子一聽，不僅沒有一點喜悅之情，反而冷淡地說：「這孩子的母親地位卑賤，是個洗衣做飯的奴婢，他又生得貌不驚人，你是如何判定他就是繼承我大業的最佳人選呢？」姑布子卿微微一笑，說：「這是上天安排好的，他的母親雖然地位卑賤，但他終有一天會富貴的。」

　　送走姑布子卿後，趙簡子想了半天，對姑布子卿的話，依然半信半疑。當時，趙簡子已經立伯魯為太子，他相信自己絕對不會看錯人。一天，趙簡子把所有兒子叫來，向他們提了幾個問題。伯魯和其他兒子唯唯諾諾，語無倫次說了半天，也沒說出什麼。唯獨毋卹喜歡獨立思考，又善於觀察，說起來頭頭是道，很圓滿地回答了趙簡子提出的所有問題。從此，趙簡子開始關注毋卹的一舉一動。

　　一天，趙簡子在兩塊木簡上寫了同樣內容的訓誡之辭，分別交給伯魯和毋卹，要求他們牢牢記住。此後，趙簡子對

085　庶子：本指妾所生之子，亦指正妻所生除嫡長子以外其他兒子。

木簡之事隻字不提。三年後，趙簡子突然讓伯魯背誦木簡上
的訓誡之辭，伯魯早把木簡不知道丟到哪裡去了，更別說記
得上面的訓誡之辭了，站在哪裡一臉茫然。倒是毋卹是個
有心之人，他知道父親此舉必有深意，得到父親所賜的木簡
後，他將上面的訓誡之辭背得滾瓜爛熟，所以等父親問時，
他一字不漏地背出，並將珍藏了三年的木簡呈上。趙簡子非
常高興，從此對毋卹刮目相看。

　　趙簡子經過思考，決定再次考察伯魯和毋卹的才能，獲
勝者將繼承他的大業。他把伯魯、毋卹和其他兒子叫到一
塊，對他們說：「我在常山[086]山頂上藏了一道寶符，你們去尋
找吧，誰最先找到，我重重有賞。」眾子一聽，恍惚雀躍，
個個興奮異常，各自騎馬奔向常山奔去。看著兄弟們四處亂
竄尋找寶符，毋卹暗想：常山又高又大，假如藏一件東西，
是很難找到的。而父親為什麼要把寶符藏在常山，而不是其
他地方呢？猛然間，他忽然意識到，父親這是在考驗他們。

　　伯魯和他的兄弟們最終空手而歸，紛紛向趙簡子述說尋
找寶符的艱辛。毋卹看見趙簡子一臉失望，知道自己猜對
了，便走上前來，說：「父親，孩兒已找到寶符。」趙簡子急
切地催促說：「快把寶符拿出來我看看。」毋卹說：「從常山
的山頂上可以清楚地看到，代國與趙國緊挨著，我們完全可

086　常山：今北嶽恆山，在山西渾源縣境內。

以占據有利地形，一舉攻破代國。父親讓我們去常山的目的並不是尋找什麼寶符，而是讓我們到那觀察地形，為以後攻取代國做準備。

經過三次考察，趙簡子覺得毋卹才智出眾，就廢除了原立的太子伯魯，改立毋卹為太子，這就是歷史上有名的趙襄子。趙襄子掌握了趙家的政權後，毫不猶豫地滅了代國。之後，他又聯合魏桓子、韓康子共同消滅了強敵智伯，趙、韓、魏三家分晉，從此春秋時期結束，進入戰國時期。

【故紙揮塵】

趙簡子因毋卹的母親出身卑微，就斷言他不會有出息，甚至忘記他的存在。但經過別人的一番提醒後，趙簡子對毋卹進行了三次考察，最後決定廢伯魯而立毋卹，這說明趙簡子具備很高知人善任的能力。知人，就是知道一個人的長處和秉性；善任，就是善於量才使用，用其所長，避免用其短處。知人不善任，是對人才的一種浪費，結果必然會流失掉一部分人才；知人亂任，就會導致其在位不謀其政，結果會更加嚴重。

顧大局明君慰功臣

戰國初期，韓、趙、魏三家瓜分了晉國的土地。曾經是晉國屬國的中山國，在晉國被瓜分後無所歸屬，君臣荒淫無道，民不聊生。魏國國君魏文侯便想趁機發兵討伐中山國。在與大臣商議之後，魏文侯有意起用平民出身的樂羊為將，率軍出征。樂羊精通兵法，善於布陣，是個不可多得的將帥之才。但唯一讓人不放心的是，樂羊的兒子在中山國為官。於是，魏文侯召見了樂羊，單刀直入地把他的想法和顧慮告訴了樂羊。

樂羊不想錯過這個展現才華的機會，便發誓說，自己絕不會因私廢公，並表示說，一定能盡快拿下中山國。魏文侯十分高興，當即任命樂羊為將，率領五萬軍隊討伐中山國。

樂羊率軍一路勢如破竹，很快就打到了中山國的都城。中山國國軍大驚，忙召集群臣商議應對之策。大臣公孫焦進言道：「樂羊是樂舒之父，而樂舒在我國為官。大王何不命樂舒登城說服其父退兵？」中山國國君便命樂舒說服他父親退兵。沒想到，樂舒卻說：「家父原來不肯在中山國為官，而臣事於魏國。今天我與家父各為其主，我怎麼能勸他退兵呢？」中山國君大怒，命人強迫把樂舒押到城樓上。樂舒不得已，只能大呼其父相見。樂羊聽得呼喚，騎馬出陣，一見樂舒，便大聲斥責他說：「你不明事理，又貪圖榮華富貴，現

在中山國岌岌可危，還不快讓你的國君速速投降！」

　　樂舒嘆了口氣說：「降與不降，全在中山國國君，不是我能左右的。現在我懇請父親暫緩進攻，容我君臣從長計議。」樂羊答應了給他們一個月時間考慮，停止強攻，只是命令軍隊將城池團團圍住。中山國國君見樂羊愛子心切，不敢進攻，於是不再想其他辦法，而是繼續享樂。一個月很快就過去了，樂羊派人告知中山國國君投降的日期到了。中山國國君命樂舒上城樓再寬限一個月，樂羊答應了。如此過了三個月，樂羊的部將有些不滿了，於是質問樂羊說：「將軍難道不想攻打中山國了嗎？為什麼久圍而不攻呢？」

　　樂羊知道部將的想法，於是解釋說：「我久圍不攻絕不是顧全父子之情，而是要收取中山國的人心。中山國國君不恤百姓，暴虐無道，所以魏王才派我來討伐。如果我軍一味攻城，中山國的百姓一定會恨透了我們，因而團結起來對付我們。而現在中山國國君屢次失言，必然會喪失民心。到時候，我們便能輕而易舉攻克中山國。」

　　中山國的戰況很快就傳到了魏國，朝堂頓時譁然，紛紛上疏彈劾樂羊。魏文侯對此一概不聽，把所有的奏章都封存在篋 [087] 裡，同時，派使者到前線慰勞將士，還提前為樂羊修建豪華的府邸，以待其歸。樂羊得知這些情況後，感激涕

087　篋（ㄑㄧㄝˋ）：箱子一類的東西：藤篋。

零，發誓要報答魏文侯。就這樣，一個月過去了，樂羊見中山國國君還不肯投降，便命令軍隊攻城。中山國國君見情勢危急，便命人將樂舒綁在高竿上，威脅樂羊說，你再不退兵，我就殺了你的兒子。樂羊不為所動，下令繼續攻城。中山國國君一計不成，又生一計，命人將樂舒殺了，做成肉羹，派人送給樂羊，希望樂羊心生哀痛，無心作戰，自己趁機引兵殺退魏軍。沒想到，樂羊不僅沒有絲毫喪子之痛，反而將肉羹一飲而盡，並對中山國來使說：「本將感謝你家君王饋贈肉羹，待破城之日當面答謝，我軍也有一口大鼎，讓你家君王等待就烹。」使者入言返報，中山國國君見樂羊全無痛子之心，攻城愈來愈猛，擔心城破受辱，遂自縊而亡，魏軍順利攻占了中山國。

　　樂羊入城安民已畢，遂班師回朝。魏文侯聽聞樂羊凱旋，非常高興，大擺筵席，為樂羊慶功，滿朝文武也趕來祝賀。魏文侯親自捧觶[088]，賜給樂羊，樂羊接觶飲之，看著百官一臉豔羨，不由面露得意之色。等宴會結束後，魏文侯命人抬出兩隻大箱子送給了樂羊。樂羊大喜，以為箱子裡都是金銀財寶，連連叩首謝恩。命人抬回家後，樂羊迫不及待地打開箱子一看，冷汗順著額頭留了下來，裡面都是他率軍征討中山國期間，百官彈劾他的奏章，各種謠言中傷，他越看

088　觶：古代酒器：舉觶稱賀；觶酌。

越心驚，暗想：若不是魏文侯信任自己，自己的性命恐怕早就保不住了。於是，他變得更加謹慎小心起來。

次日，樂羊入朝謝恩。魏文侯對樂羊大加讚賞了一番後，準備加封他為靈壽君，樂羊推辭道：「中山國之所以被我魏國所滅，全靠主公指揮得當，微臣在外稍效犬馬之勞，毫無寸土之功，所以不敢受封。」魏文侯微微一笑，說：「在起用你之前，寡人透過多方面觀察，知道你是一個可以信任的人，所以才大膽用你。現在你沒讓寡人失望，立下了大功，賞賜你也是應該的，你也不要再推辭了。」隨即，下令封樂羊為靈壽君。

【故紙揮塵】

一個優秀的管理人員，必須善於用人。當你委派下屬做某項工作時，就要絕對相信他有能力做好它。正所謂「用人不疑，疑人不用。」你只要給下屬足夠的信任，便對他有了知遇之恩，他一定會竭盡所能地完成工作。

═ 知進忘退文種殞命 ═══════════

　　這一年，吳國剛剛稱霸四方，就被身後的越國捅了一刀，太子被殺，吳國求和。吳王宮裡，王座上的夫差愁白了頭髮，叫道：「伍子胥呢？快傳他來見寡人。」

　　「大王，您又忘了，伍子胥已經死了很久了。」旁邊的侍從小心翼翼地提醒說。

　　「哦，寡人真是老了啊。」夫差一手扶頭，一手叩打著王座的扶手。「嗒、嗒、嗒」配合著夫差手裡的節奏，門外的長廊響起一串腳步聲，夫差烏雲密布的臉上轉而浮現出歡喜的神情，只聽得一個銀鈴般聲音傳來：「大王如日中天，青春正盛，如何得老？臣妾半日不見大王十分思念，禁不住尋了過來，萬望大王莫怪。」

　　「西施你來得正好，陪寡人出去散散心吧。」夫差緊蹙額頭竟然也搓出幾條笑紋，大袖一揮將眼前的美人攬入懷中，衣襟在大殿掀起一陣微風。此刻越王宮裡正舉行一場盛大的慶功宴，越王勾踐的面容在火光之後忽隱忽現，他冷冷地看著宴會上那些醉顏酡紅的臣子，隨身佩戴的寶劍光華耀眼。

　　四年後，越國的國境線上，再度殺出無數帶甲之士，他們手握長劍，肩負盾牌，神色凜然，長劍所指之處，又是西方的吳國。

　　此時吳國的精銳大多在對齊國和晉國的戰爭中損耗，國

力空虛，民生凋敝。越國的將士突破邊境，一舉殺到吳國都城，圍城三年。

吳王請降，派出大臣向越王請罪：「臣夫差知道自己的錯了，當年在會稽[089]得罪了君上，不敢違抗天命，把君上放了回去，君上能否像上次在會稽一樣放過臣下？」越王欲允，手下大臣范蠡不允，范蠡親自擂鼓進軍，越遂滅吳。

那個臥薪嘗膽、勵精圖治的勾踐，最終完成了夙願，報了當年會稽之仇，那宿敵夫差，也已經做了自我了斷，留下遺言說：「我在黃泉之下是沒有臉再去見伍子胥了。」當初，勾踐在會稽被俘，伍子胥多次勸說吳王殺了勾踐，但吳王一直沒有答應。

至此，越國之兵，橫行江淮之間，各路諸侯無不逢迎，尊稱勾踐為霸王。

越王宮裡，又在舉辦一場盛大的慶功宴。觥籌交錯間，范蠡提前溜了出來，他回到家中便開始修書，隨即帶著家人和收拾好的細軟悄悄離開了越國。

大夫文種——勾踐的心腹大臣，他在范蠡離去不久之後收到了那封並未遲到的信，信中范蠡對他說道：「飛鳥飛盡了，良弓就要藏起來了；狡兔死光了，走狗就要被煮殺了。越王為人脖子長而嘴巴尖，只能與他同患難，不可與他同富

089　會稽：今浙江省紹興市。

貴。你為什麼不離開他？」

　　文種看完信，惴惴不安，從此稱病不去上朝。某日，越王使者來到文種府上，賜劍一把和王命一條：「你教寡人七條征服吳國的妙計，現在寡人只用了三條就把吳國打敗了，還有四條在你那裡，你替我去地下教先王吧。」

　　文種接過劍，想起范蠡的那封信，一聲嘆息，舉劍自刎了。

【故紙揮塵】

　　范蠡在勾踐滅吳的過程中居功至偉，被封為上將軍，但是他深知「大名之下難久居」的道理，在滅吳不久之後就隱退江湖，他對越王勾踐的評價不差毫釐，因而避免了滅頂之災。而大夫文種，自以為功高，沒有及時撤出權力中心，最終被越王賜死。識人知人是交往的基礎，人在社會上走，多少要會點識人術。我們可以用對手來衡量自己的，也可以用朋友來衡量自己，首先，你要懂他們。

用人不當胡亥自刎

秦朝時期，一次，秦始皇出巡途中病斃，當時只有趙高和丞相李斯知道，為了防止激起事變以及考慮到自己的利益，趙高和李斯先是祕不發喪，假傳詔書，命秦始皇的長子扶蘇自殺，擁立次子胡亥為帝，史稱秦二世。

秦二世繼位後，因趙高有擁立之功，所以十分寵信他，對他言聽計從。趙高野心膨脹，有奪位之心，於是誣陷丞相李斯有謀反之心，將其腰斬於咸陽，誅其三族。心腹大患一除，趙高名正言順地當上了丞相，盡攬朝中大權。為了知道自己在朝中有無威信，趙高設了個圈套考驗百官。

這天早朝時，趙高手裡牽著一頭鹿不慌不忙地走了進來，對秦二世說道：「臣偶得一匹寶馬，不敢私自藏匿，特此獻給陛下賞玩。」秦二世定睛一看，不由得哈哈大笑道：「丞相，我看你是老眼昏花了吧？這明明就是頭鹿，怎麼能說是馬呢？」趙高正色說道：「這確實是一匹馬。陛下要是不信老臣的話，可以問問大臣。」說著，凶狠地盯著大臣們。

大臣們你看看我，我看看你，搖了搖頭，皆猜不出趙高的真實用意。這時，有幾個正直大臣怒聲說道：「丞相，這明明就是頭鹿，你為何要在朝堂之上哄騙陛下？」話音未落，一些想巴結和畏懼趙高的大臣紛紛反駁道：「這明明就是一匹千里馬，你們難道看不出來嗎？」秦二世這下被弄迷糊了，

他揉揉雙眼，再看時還是那頭長有雙角的梅花鹿，哪裡有什麼馬呀！他有些不悅，朝大臣們揮手道：「是鹿是馬，你們自己爭論去吧，別耽誤我玩！」說罷，徑直去了。

沒過幾天，那幾個說了真話的大臣便被趙高誣陷入獄。從此，大臣們更加畏懼趙高的權勢，沒人再敢指責他的過錯。

趙高以前經常對秦二世說：「那些關東[090]盜賊不過是跳梁小丑，成不了什麼大事的。」後來在鉅鹿之戰中，項羽俘虜秦將王離，章邯屢次兵敗。不久，劉邦的大軍攻破武關[091]。趙高怕秦二世為此誅殺自己，便推托有病，不再朝見秦二世。

一天晚上，秦二世夢到自己乘車出行時，突然，不知從哪躥出一隻白虎，咬死了馬車左邊的白馬，為此心中悶悶不樂，便讓占卜師為自己卜卦。

占卜師掐指算了半天，伏地叩頭道：「陛下，此夢大凶，是涇水[092]中的水神在作怪。」秦二世趕緊在望夷宮[093]舉行齋戒儀式，希望能平息水神的憤怒。同時，秦二世認為涇水神靈之所以發怒，一定和趙高故意隱瞞叛賊猖獗有關係，便命人傳趙高，打算處罰他。

090　關東：山海關以東的地區，相當於今日的中國東北地區，或稱「關外」，包括遼寧、吉林、黑龍江等行省。
091　武關：今陝西商縣。
092　涇水：現稱涇河，位於陝西省關中平原，發源於甘肅，經陝西流入黃河。
093　望夷宮：秦時宮名，故址在今陝西涇陽縣蔣劉鄉五福村、二楊莊之間。

　　趙高得知大驚，深知大禍將要臨頭，便暗中與女婿咸陽
縣令閻樂及弟弟趙成謀劃說：「我以前勸說陛下別太任性而
為，現在戰事不利，他反倒要加害於我。我現在決定改立二
世哥哥的兒子子嬰為帝。」於是下令讓郎中令[094]在宮中為內
應，假說宮中有盜賊，命閻樂率領武士入宮追捕。閻樂帶著
一千多名武士來到望夷宮，斬殺阻擋他的侍衛，一路殺入宮
中，宮中郎官和宦官紛紛逃走，凡有抵抗者一律殺死。

　　就這樣郎中令和閻樂一起攻入秦二世的寢宮，弓弩齊發，
箭如雨發，射向二世的帷帳。恰巧秦二世不在帷帳裡，正從外
面遊玩歸來，撞到眼前情形，不由大怒，喝令侍衛將他們拿
下，但侍衛早被嚇得魂不附體，哪裡肯上前搏鬥？只有一個
宦官站在秦二世身邊，慌張得不知所措。秦二世上前揪住他的
衣領，咆哮道：「你為何不早告訴我趙高要謀害我？」宦官戰
戰兢兢地說：「如果我告訴你，命就保不住了。」

　　這時，閻樂對秦二世說：「你荒淫無道，濫殺無辜，即便
我不殺你，天也要亡你！」說著，抽出寶劍遞給他，讓他自
殺。秦二世看著那柄寒光凜凜的劍，不由得渾身直哆嗦，說
道：「我能見丞相一面嗎？」閻樂搖了搖頭。秦二世說：「只
要能讓我活命，我願意做一個郡王。」閻樂搖了搖頭。秦二
世又說：「那我願意做個平民百姓。」閻樂仍然不肯答應。秦

094　郎中令：始置於秦朝，是皇帝左右親近的高級官職。

二世知道再無活命的機會，不由涕泗橫流，仰天長呼，舉劍自刎了。

　　趙高成功殺掉秦二世後，馬上擁立子嬰繼位，因為這時的秦朝已四分五裂，不能再稱帝，所以子嬰只能是秦王。至於秦二世，趙高命人以平民的身分草草埋掉了事。

【故紙揮塵】

　　古代君臣關係是最難維繫的政治關係。這種微妙關係處理的妥善與否，直接關係到國家的安危興亡。高超的馭臣之術，不僅能調節君臣之間的關係，而且能使臣子俯首聽命，忠心不二。秦始皇在世時，依靠他的雄才大略和鐵血手腕，將趙高、李斯駕馭得遊刃有餘，維持了國家的安定。但是秦二世較之秦始皇，則顯得大為遜色，不僅不懂駕馭權臣之道，更沒有識辨忠奸賢愚之能，結果落了個自刎的下場。

秉忠誠馮唐進諍言

　　馮唐是西漢名臣，很受漢文帝器重。

　　起初，馮唐在別人的推薦下，做了一個小官，俸祿微薄，名不見經傳。一次，漢文帝經過馮唐的工作的地方，問馮唐說：「朕看你年齡都這麼大了，還在做這麼小的官。你老

家是哪裡呀？」馮唐如實答道：「我祖父是趙國人，父親遷移到了代郡[095]。」漢文帝說：「以前我在代郡的時候，經常聽別人談及趙將李齊，誇獎他很有帶兵之才。」馮唐搖搖頭說：「李齊雖然有些帶兵才能，但他和廉頗、李牧相比，就差遠了。」

漢文帝一聽來了興趣，便問他為何這麼說。馮唐說：「我父親在趙國時，與李牧關係十分好；我父親在代郡時，與李齊關係十分好，所以我很了解他們。」漢文帝聽後，感慨地說：「朕為什麼就不能得到像廉頗、李齊那樣的將才？若是有那樣的人才，匈奴還敢入侵我漢朝邊境嗎？」馮唐連連擺手說：「陛下，請恕微臣直言，就算您得到像廉頗、李牧那樣的將才，也不會重用他們的。」漢文帝大怒，喝道：「你這話是什麼意思？難道說朕是昏聵之君，不能重用人才嗎？」說罷，甩袖回了宮。過了好大一會兒，漢文帝氣消了，將馮唐召入宮中，責備他說：「你當著那麼多官吏使我難堪，你有什麼話難道不能私下告訴我嗎？」馮唐趕緊叩首謝罪說：「微臣蠢笨不懂事，說話直來直往，沒有忌諱，還請陛下恕罪。」

當時，匈奴又大舉入侵漢朝邊境，漢文帝正為抵擋匈奴而發愁，冷靜下來一想，馮唐之所以那樣說，必然有他的道理，便又問馮唐說：「你為什麼說我不能重用廉頗、李牧那樣的人呢？」

095　代郡，中國古代郡名。今河北省蔚縣西南。

　　馮唐說：「我聽說古代君王派遣將軍出征時，常常說：『朝廷內部的事都由我處理，而對外的事情則由將軍全權處置，軍功賞賜，皆決於外，等回來的時候向我稟報就行了。』這恐怕不是一句空話吧？」我的祖父曾和我說過，李牧駐守邊疆的時候，軍費的全部拿來賞賜將士們，賞賜數量全由李牧自己決定。朝廷只是將任務分配給他，命令他必須圓滿完成任務，至於他怎麼做，那就是他自己的事情了。所以，李牧才能充分發揮他的聰明才智，為國立功。後來，李牧遭到小人的詆毀，而趙王卻偏聽偏信，誅殺了李牧，趙國很快就被秦國滅亡了。如今魏尚鎮守雲中郡 [096]，他和李牧一樣善於用兵，而且也向他一樣把軍費全部賞給了將士們，有時，還拿出自己的俸祿，舉辦酒宴，宴請同僚和部下。因此，匈奴十分懼怕魏尚，不敢輕易進犯雲中郡。但是朝廷又是怎麼做的呢？一句話說得不恰當，就要依法懲治；賞賜之物可以不給，但命令卻一定要執行。微臣認為，陛下獎勵太少，刑罰太重。有一次，魏尚按照朝廷制度評功，只因為差了六個首級，就被削去官爵。由此看來，陛下即使得到像廉頗、李牧這樣的大將，也不會重用他們的！」

　　漢文帝畢竟是一代明君，面對馮唐的犯言直諫，他並不生氣，反而很高興，當天就寫了詔書，交給馮唐，讓他去宣

096　雲中郡：今山西大同市。

讀詔令，赦免了魏尚，讓他繼續擔任雲中郡守，防禦匈奴。

　　馮唐也因大膽進言，得到了升遷，成為漢文帝的左膀右臂。

【故紙揮塵】

　　馮唐論述用將，大意就是說，身為皇帝，對待臣子，應該給予足夠的信任，授予他足夠大的職位和權利，而不能管得太嚴。唯有如此，雙方才能找到共鳴，才能形成互相信任、共圖大業的互動關係。現代領導者更應該根據職務的不同，授予部下相應的職權，使每個人都人盡其才，各盡其責，各行其權，這樣才能產生利益最大化。如果領導者不信任部下，什麼事情都要親自過問，必然會忙中出亂，釀成大錯。

＝為國事劉秀巧立威＝

　　在劉秀還沒建立東漢王朝的時候，擔任大司馬[097]，手握大權，朝中百官無不臣服。

　　有一次，伺候劉秀生活起居的僕人，在集市上犯了法，被主管集市貿易的官吏祭遵當場抓獲，按照律法，將其處

097　大司馬：古代官名。掌邦政。

斬。劉秀聽說後，勃然大怒道：「打狗也得看主人呀。這些不怕死的竟敢擅自處死我身邊的人，這豈不是視我為草芥嗎？這還得了，傳令下去，將祭遵給我抓來。」主簿 [098] 陳副進言說：「您剛剛受命接管三軍，讓軍隊服從命令、嚴明軍紀一直不是您的心願嗎？祭遵此舉正是依照您制定的法令辦事，他不徇私情，就是您身邊的人犯了錯也不姑息。他這麼做，正是為了將士們能夠嚴格要求自己遵守軍紀，而只有如此，才能彰顯您治軍有方。大司馬為何還要怪罪他呢？」劉秀聽後，立即轉怒為喜，任命祭遵為刺奸將軍，專門負責監督軍中犯法的人。劉秀還得意地對諸將說：「你們以後要當心祭遵，他這個人從不徇私枉法，我身邊的人因為犯法就被他殺了，你們當中要是有誰犯了法，我可保不了你。」

劉秀在消滅了綠林、赤眉兩支最大的農民起義軍和幾個割據勢力後，登基稱帝，建立了東漢王朝。劉秀當了皇帝後，深知奪取天下必須依靠武力，而要想治理好天下，還得依靠法令。可是一些皇親國戚，自恃身分貴重，驕橫不法，視朝廷法令如無物。一次，劉秀的姐姐湖陽公主有個車夫，在外與別人發生了口角，他仗著湖陽公主的權勢，竟然在眾目睽睽之下殺了那個人。之後，車夫躲在公主府中不出來。洛陽縣令董宣接到報案後，馬上率領捕快前去公主府中抓捕

098　主簿：古代掌管官府文書帳簿的官員。

犯人。哪知，他們剛到公主府門前，就被公主府的守衛們攔下，就是不讓他們入府。董宣見進不去，靈機一動，就派人暗中守在公主府門口。一天，湖陽公主外出，駕車的正是那個殺了人的車夫。董宣收到消息後，馬上帶人趕來，攔住湖陽公主的馬車，不顧她百般恐嚇，親自處決了那個車夫。湖陽公主咆哮大怒，馬上入宮向劉秀哭訴。

　　劉秀一聽姐姐受了委屈，也十分生氣，馬上召董宣進宮，當著湖陽的公主的面責罵董宣。董宣大義凜然地說：「陛下乃中興之主，歷經千難萬險才復興了漢室。須知創業難，守業更難。現在公主包庇殺人惡奴，如果我不加以嚴懲，朝廷法令尊嚴何在？又如何能治理好天下？劉秀被問得張口結舌，不知如何是好。他也知道董宣是個好官，一心為民，但湖陽公主是自己的親姐姐，必須顧及她的顏面，於是他讓董宣給湖陽公主磕頭認錯。誰知，董宣卻一句話頂了回去：「微臣依法辦事，何罪之有？為何要磕頭認錯？」劉秀心中雖喜歡董宣的耿直，臉上卻不表現出來，命令內侍把董宣的腦袋往下按。董宣雙手撐地，咬牙苦苦支撐，就是不肯低頭。內侍累得直喘氣，對劉秀說：「啟奏陛下，這個人的脖子太硬了，按不下去。」劉秀聽了，暗自發笑，於是傳令說：「把這個硬脖子趕出宮去！」

　　湖陽公主見董宣沒受到任何懲罰就走了，十分不高興，就質問劉秀說：「陛下以前當百姓的時候，還冒著危險收留官府通緝的要犯。現在做了皇帝，怎麼變得如此膽小，連一個小小的洛陽縣令都不敢動了嗎？」劉秀嚴肅地說：「正因為朕現在君臨天下，一舉一動都有百姓看著，怎麼能像以前當百姓時那樣為所欲為呢？」

　　事後，劉秀對董宣的行為大加讚賞，還賞了他三十萬錢。那些皇親國戚聽說這件事後，知道不能再仗著皇帝的權勢胡作非為了，都收起了往日囂張的氣焰，老老實實做人。

【故紙揮塵】

　　劉秀當上皇帝後，他的臣子多數是以前與他平起平坐的同僚或親戚。劉秀想在他們面前擺出一副威嚴的架勢，心理上或多或少都有些適應不了。這時，聰明的劉秀想到了一個妙法，利用一些剛正不阿的諍臣來執行自己的法令，等事情鬧大了，再由他出面解決。這樣做，其實就是在提醒原來的故人，彼此目前的地位尊卑有別，請管理好各自的行為舉止。一些平步青雲的領導者，想在故交面前樹立威信，不妨採用劉秀立威的方法，往往能收到良好的效果。

＝曹操挾天子令諸侯 ＝

東漢末年，權臣董卓擅兵作亂，誅宦官，殺何太后，廢黜少帝，立劉協[099]為漢獻帝。從此，東漢王朝名存實亡，失去了對地方的控制。各地勢力趁亂起兵，割據一方，爭奪地盤發展自己的勢力。在眾多割據勢力中，以冀州[100]的袁紹、南陽[101]的袁術、荊州的劉表、徐州[102]的陶謙和呂布等人的勢力最為強盛。他們互相混戰，今天損兵一千，明日折將一員，互有所傷，各地百姓也跟著遭殃，家破人亡，四處逃難。

曹操也乘亂在陳留[103]起兵，但他兵微將寡，實力薄弱。後來他擊潰進攻兗州[104]的黃巾軍[105]，在兗州建立據點，並從黃巾軍中精選出一部分兵卒，組成「青州兵」，從此，曹操的勢力漸漸地擴大。後來，曹操又滅掉了陶謙和呂布，勢力迅速崛起，成為最強大的割據力量。

漢獻帝興平二年（西元一九五年），董卓的部將郭汜（ㄙˋ）和李傕（ㄐㄩㄝˊ）在長安城反目成仇，互相

099　劉協：漢靈帝第三子，東漢最後一任皇帝。
100　冀州：今河北省冀州縣。
101　南陽：今河南省南陽市。
102　徐州：今江蘇省徐州市。
103　陳留：今河南省開封市陳留鎮。
104　兗州：位於山東省西南部。
105　黃巾軍：東漢末年，張角領導的一次有組織、有準備的全國性農民起義。因起義軍頭戴黃巾為標幟，史稱黃巾起義。

攻打，死傷無數。為了躲避這場血腥的殺戮和顧及到自身安危，漢獻帝在一班老臣的護送下，逃出長安，回到故都洛陽。

　　然而，洛陽城早就被董卓一把火燒了個精光，淒慘無比，宮殿殘垣斷壁，磚縫裡長出的雜草足有一人高。漢獻帝剛到洛陽，沒有宮殿，堂堂一國之主也只能屈尊住在由茅草搭建而成的屋子裡。住的問題雖然解決了，但是卻沒有糧食，漢獻帝只好派人四處奔走，向地方割據勢力要糧食。然而，這些割據勢力忙著爭搶地盤，再也顧不上皇帝了，哪裡還肯給皇帝送糧？

　　漢獻帝得知後，雖然生氣，但又毫無辦法，只能長嘆一聲不再說話。平日養尊處優的大臣還算忠心，四處挖野菜，簡單做些飯食，給漢獻帝充飢。

　　袁紹奪取冀州[106]後，得知漢獻帝的處境後，竟然置之不理，忙著計劃攻取下一個城池。謀士沮授向袁紹進諫道：「漢獻帝處境危機，三餐不繼，主公應該盡快把漢獻帝接過來，以便「挾天子以令天下」，用漢獻帝這塊牌子，討伐那些不聽話的諸侯。如此一來，名正言順，天下皆服，爾後大業可圖。」然而袁紹乃鼠目寸光之人，貪功慕祿之輩，如何能想到這些？他覺得把漢獻帝接到身邊既要向他臣服，又要聽

106　冀州：位於河北省中南部。

他的命令，說不準自己的兵權也會被解除，實在不舒服。因此，袁紹沒採納沮授的建議，沒把漢獻帝接過來。

曹操當時駐紮在許縣[107]，得知漢獻帝被困洛陽，立刻召集謀士商量要不要把漢獻帝接過來。大家一致認為洛陽將領諸多，但野心勃勃，如果將軍前去保駕，他們必然會不服，不如請漢獻帝移駕許縣。這樣一來，將軍護駕有功，又能順應民心，能得天下大勢，至於那些小人根本不足為懼。曹操馬上派人火速去洛陽迎接漢獻帝。

中間經過一些波折，建安元年（西元一九六年），漢獻帝遷都許縣，改許縣為許都。曹操又為他修造宮殿，讓他正式上朝。漢獻帝對曹操很感激，任命他為大將軍，封為武平侯。曹操馬上以漢獻帝的名義發詔書給袁紹，責令他擁兵自重，對漢獻帝有輕慢之心。袁紹接到詔書一看，後悔當初沒採納沮授的意見，因而坐失良機，又想把漢獻帝接到自己身邊來，可曹操哪裡肯從。

後來，曹操用「屯田」之法，解決了糧食緊缺的問題，又廣招天下賢士，吸納了很多像荀攸、滿寵等有才能的謀士，這為曹操日後兼併各路諸侯打下了堅實的基礎。

107　許縣：今河南許昌縣張潘故城。

【故紙揮塵】

　　「治世之能臣，亂世之奸雄」，這或許是對曹操最中肯的評價了。曹操霸業之成，殺伐決斷不露聲色，機變之能無人能及，這些因素固然在掃蕩政敵、剷除異己方面發揮了很大的作用。然而，僅憑這些還不足以成就霸業，同時還需要具備審時度勢、善用人才、恩威並施的特殊才能以及統籌全域的魄力才行。無疑，曹操在這方面顯露出了非凡的政治才能和雄才偉略。

═ 劉伶清談誤國送命 ═

　　魏晉時期是一個十分尊崇名士的時代，也產生了許多名士，當時社會上流行清談的風氣，但凡是名士，一個個能說會道的，清談的功夫很是厲害。

　　清談就是相對俗事而言的一些言論，又稱「清言」，是東漢清議之風的延續，名士之間不談國家大事、不談柴米油鹽、不談民生政績，就一些老、莊之言反覆辯論，多是一些與實際無關的內容，用白話來講就是吹牛。當時一些有學識、有身分的人都熱衷於清談，並以此作為雅事。

　　山濤是竹林七賢之一，是當時的大名士。他是河內 [108]

108　河內：古代泛指黃河以北的地區，約相當於今豫北地區。

人，字巨源，喜歡老莊的學說，和阮籍、劉伶、嵇康等人一起玩得來，常常在竹林裡喝酒玩樂、清談不止，因而世人稱呼他們為「竹林七賢」。

王衍是琅琊 [109] 臨沂人，字夷甫。王衍長得端正俊秀，氣質文雅，受到過很多名士的欣賞，他的哥哥王戎也是竹林七賢當中的一員。王衍年幼的時候有一次去拜訪山濤，山濤第一次見了他之後感慨良久，等到他走後，山濤目送他離去，口中說道：「是哪個婦女啊，生下這樣一個漂亮娃娃，以後搞亂天下的說不定就是這娃娃。」

王衍風雅的氣質為他博得了不少讚譽，也為他的仕途鋪平了道路，他常常把自己比作孔子的高徒子貢，名氣非常之大，他喜歡浮華虛無，追隨他的人多了，便形成了一種世間風氣。晉武帝司馬炎聽說了王衍的名氣，就問王戎世上何人可以與王衍相比較，王戎說：「沒見過現在能與王衍相比的，只有在古人當中去找。」對王衍如此推崇。

後來王衍做官做到太尉這一職位，卻沒有好好為國家服務，仍舊是整日清談，他常常手持一把與手同色的玉拂塵解說老莊學問，態度瀟灑，風姿翩翩，傾動一時。如果不小心講錯了，就隨口改過來，當時人們說他「口中雌黃」，古時人們用黃紙寫字，雌黃是用來塗改修飾文字的一種顏料，

109　古代地名，周始位於今山東省青島市黃島區琅琊鎮，東漢以後琅琊郡治位於今山東省臨沂市區。

「信口雌黃」這一成語由此而來。

　　有一次西晉受到敵人的攻打，王衍被眾人推舉為元帥，在他的領導下，晉軍全軍覆沒。敵人俘虜了他，他想苟全性命，與敵人首領交談時把西晉亡國的責任推得一乾二淨，還勸說對方建國稱帝，對方沒有理會，將他活埋。

　　王衍在臨死時省悟說：「即使我們比不上古人，只要不仿效從前提倡的浮華虛無，合力拯救天下，也不會落到現在這個地步啊。」因此也誕生了「清談誤國」這一成語。山濤當年對王衍的評價最終得到了時間的驗證。

【故紙揮塵】

　　俗話說：「三歲定終身」，這話有一定的科學依據。山濤透過「人」看到了世道，魏晉之時，浮華之風盛行，最後導致腐敗亡國，一個王衍身上折射出當時世間風尚。山濤初次見到王衍時，似乎就已經料到了以後要發生的事了，而王戎等人對王衍的追捧也不是盲目的，不得不說看人還得看他的兩面性，陽光背後必有陰暗處。

＝治天下玄宗巧用人 ＝＝＝＝＝＝＝＝＝

　　唐朝時，唐玄宗李世民讓房玄齡和杜如晦共同輔佐自己治理天下。房玄齡足智多謀，杜如晦果敢善斷，人們稱他們為「房謀杜斷」。

　　當初，李世民還是秦王的時候，杜如晦在他帳下擔任參軍[110]。但沒過多久，一紙調令下來，讓杜如晦去陝州[111]長史[112]。當時王府有很多幕僚都被調任地方官，李世民眼見手下的人才一個個被調走，擔心日後無人輔佐他，為此寢食難安。房玄齡對他說：「其他人調任沒什麼可惜的，而杜如晦聰明過人，胸有韜略，是輔佐帝王之才，大王若想治理好天下，必須有他才行。」李世民當即入宮覲見唐高祖李淵，請求他把杜如晦調到自己手下做屬官。

　　李世民每次率軍征討，必然會讓杜如晦與房玄齡相隨。他們兩人為李世民出謀劃策，使李世民如虎添翼，攻無不克，戰無不勝。軍中事務紛亂龐雜，但一經杜如晦處理，即刻分析決斷，絕不拖泥帶水，非常迅速。李世民經常派房玄齡入朝奏事，每次奏事完畢，唐高祖都會感慨地說：「房玄齡代我兒陳奏事宜，雖然我與世民相隔千里，但我卻感覺和他面談一樣。」

110　參軍，全名是參謀軍事，古代武官名，常是軍政長官的幕僚。
111　陝州：今河南省陝縣。
112　長史：刺史的輔佐官，無實職。亦稱為別駕。

　　太子李建成和齊王李元吉嫉妒李世民屢次立功，多次陷害李世民。房玄齡和杜如晦十分擔心李世民的安危，他們幫李世民策劃了玄武門之變，誅殺了李建成和李元吉，擁立李世民為皇帝。

　　唐太宗當了皇帝後，勤於政事，一心治國。他經常對房玄齡和杜如晦說：「你們身為朝廷重臣，一定要擔負起尋找賢才的重擔。最近聽說你們公務繁忙，每天的時間都不夠用，這樣怎麼能夠幫朕尋找到賢才呢？」於是命令他們只需要處理每天的一些大事、急事，其他小事就交給下面人來辦。房玄齡精通政事，文采斐然，天下都知道他的名聲。但他一點也不敢鬆懈，唯恐有一點差錯。他與杜如晦共同選拔人才時，真正做到了公平，使那些有真才實學的人，有機會施展自己的才華。唐太宗每次與房玄齡議事，並不急於做決定，總會說：「此事一定要讓杜如晦來做決定。」等到杜如晦來了，商議一番，最後還是採用了房玄齡的計策。這是因為房玄齡善於謀劃，杜如晦善於決斷的緣故。

　　等到杜如晦生病時，唐太宗派太子去看望杜如晦。不久後，杜如晦病情加重，唐玄宗親自去探望，並讓宮中御醫給他治病。但最終也沒能留住杜如晦。此後的日子裡，唐太宗每次得到很貴重之物，總會賜給杜如晦的家人。杜如晦去世很長時間後，別人一提起杜如晦，唐太宗總會流著眼淚對房

玄齡說：「你與如晦輔佐朕多年，立功無數，如今朕只能看到你，卻再也看不到如晦了。」

　　後來，唐太宗聽說房玄齡也病了，馬上派人召他入宮，並准許他坐著轎子入殿。君臣二人一見面，唏噓感嘆，淚流不止。唐太宗將房玄齡留在宮中修養，並派專人伺候他的飲食起居。房玄齡在病重之時，仍然放不下國事，勸說太宗停止討伐高麗。唐太宗握著他的骨瘦如柴的手，悲傷得涕泗橫流。不久，房玄齡便去世了。

【故紙揮塵】

　　「房謀杜斷」展現出唐玄宗高明的用人之道。想要善用一個人才，就要學會人才的合理搭配。在一個人才濟濟的團體中，個體不僅要具備獨特的優勢和才能，更需要一個最佳的群體結構。因為這個世界上很少有全才，如果能根據人才的特點來匹配，把不同性格、不同才能、不同閱歷、不同年齡的人才組合起來，使他們互相促進，一定能發揮出最大的整體效益。

═ 宋太祖諄語說愛將 ════════════

　　李漢超，字顯忠，是北宋著名的軍事將領，深得宋太祖
趙匡胤的信任。

　　北宋初年，天下極其不穩定，契丹族[113] 趁隙南下騷擾北
部邊境，燒殺搶掠，無惡不作，邊境百姓苦不堪言。宋太祖
任命李漢超為關內[114] 巡檢使[115]，屯兵邊境，抵禦契丹南犯。
李漢超到任後，積極訓練兵馬，使得軍隊迅速提高了戰鬥
力，迫使契丹不敢南下侵擾。邊境地區因此慢慢穩定了下
來，百姓也開始恢復了正常的生活。

　　李漢超是宋太祖的心腹愛將，又加上有抵禦外敵之功，
不免心生傲慢，在任上成天大吃大喝，尋歡作樂，又趁著
酒勁，做了不少違法亂紀的事情。老百姓對他的行為十分
不滿，大家便籌措了些盤纏路費，委託幾個人入都覲見宋太
祖，狀告李漢超，說他強搶民女為妾，以及向百姓借貸不還
等不法之事。

　　宋太祖知道如果不處理好此事，肯定會激起民怨，於是
決定親自召見告狀之人，好言勸慰道：「以前契丹人經常南

113　契丹族：古代游牧民族，居住在蒙古及中國東北地區。自北魏開始，契丹族
　　就開始在遼河上游一帶活動，唐末建立了強大的地方政權，唐滅亡的九〇七
　　年建立契丹國，後改稱遼，統治中國北方。

114　關內：指山海關以西或嘉峪關以東一帶地區。

115　巡檢使：古代官名。主要設置在邊境地區，以帶領士兵巡邏防盜、抵禦外族
　　侵入、守禦邊境為主要職責。

下侵擾邊境，無惡不作，你們過著擔驚受怕的日子。直到李將軍到任後，嚴肅軍紀，屢次打敗契丹人，使其不敢輕易來犯，你們這才得以過上安寧的生活。李將軍向你們借貸，一定是為了籌措軍餉，朕向你們保證他一定會還給你們的。」說著，他轉臉問那個被李漢超搶去女兒的人說：「朕聽說你的幾個大女兒嫁的都是山野村夫，而李將軍是朕最看重的大臣，他想娶你的小女兒為妻，你說以後他會虧待你嗎？」聽了宋太祖的一番話，眾人覺得合情合理，互相點頭，怒氣頓消，向宋太祖磕了幾個頭，就走了。

　　宋太祖長吁一口氣，當即暗中派人傳諭李漢超說：「你管轄內的百姓來我這告你的狀。你整治軍務缺錢，為何不和朕說明，而向百姓借貸？百姓是國家之根本，國家的興敗衰亡都和百姓有直接關係。朕命令你馬上奉還民女，並盡快償還百姓的貸款。」李漢超以為此番一定會受到嚴厲的懲罰，沒想到皇上對他如此寬宏大量，這使他感動萬分，馬上遵旨將人財歸還，並上表謝罪。

　　從此，李漢超一改原來放蕩不羈的生活，以身作則，嚴明紀律，與百姓秋毫無犯。在李漢超的精心治理下，邊境百姓生活富足，人人都拍手稱讚他的功德。

【故紙揮塵】

　　李漢超利用手中職權，肆意妄為，激起民怨，百姓入都告狀，宋太祖一面好言安撫百姓，一面循循善誘，勸說李漢超改正錯誤，展現出宋太祖的高明用人之道。因為在宋太祖看來，李漢超是個可造之才，只要用心塑造，是完全能讓他改掉身上的缺點，成為一名優秀的軍事將領。所以，身為領導者，要善於發掘下屬的長處，不因瑕而掩瑜，這樣才能人盡其才。

＝感皇恩孛禿盡忠心 ＝

　　孛兒只斤・鐵木真，蒙古帝國可汗，尊號「成吉思汗」。鐵木真是蒙古歷史上的傑出政治家、軍事家。在他統一蒙古各部落、建立元朝後，多次發動征服戰爭，征服地域西達黑海[116]海濱，東括幾乎整個東亞，建立了世界歷史上著名的橫跨歐亞兩洲的大帝國之一。鐵木真之所以能取得這麼大的成就，和他善於用人有很大的關係。

　　一次，鐵木真聽說亦乞列思部落有個叫孛禿的青年，武藝非凡，善騎射，而且頗有謀略，鐵木真未見其人，就覺得孛禿必然是個可用之才，但為了謹慎起見，他暗中派使者去

116　黑海：歐洲東南部與小亞細亞半島之間的內陸海。

核實孛禿是否真的像傳聞中那樣。使者當即騎馬來到了亦乞列思部落所在的額爾古納河 [117] 邊。

　　孛禿知道來使是鐵木真派來的，對他禮讓有加，恰好天已將黑，孛禿便盛情留使者住宿，並殺了一隻羊，拿出最好的馬奶酒款待他。席間，兩人相談甚歡，使者深深被孛禿的才華所折服。次日，使者告別時，孛禿見他的馬疲憊不堪，便命人將自己的好馬牽來，讓使者騎走。

　　使者回去後，把與孛禿見面的情形一五一十告訴了鐵木真。鐵木真聽後，高興地說：「我真沒看錯人啊！」當即表示要把妹妹帖木倫許配給孛禿，並讓使者將這個消息通知孛禿。

　　亦乞列思是個小部落，擁有的草原不多，一直很害怕強大的鐵木真來攻打，現在聽到聯姻的喜訊，整個部落都為之沸騰起來，人人都歡欣鼓舞，興奮異常。於是，亦乞列思部落便派部落中德高望重的也不堅歹前去拜見鐵木真，商議聯姻事宜。

　　也不堅歹見到鐵木真，行過禮後，便高興地說：「我們亦乞列思部落得知大汗要將皇妹許配給孛禿，讓我們整個部落如沐春風，高興萬分。」鐵木真高興地點了點頭，問道：「孛禿家餵養了多少馬和羊？」也不堅歹答道：「孛禿家養的馬不

117　額爾古納河：是黑龍江的上游克魯倫河流入呼倫湖後流出，始稱額爾古納河。

多，只有三十匹，我們願意用十五匹作聘禮，聘禮雖輕，可代表我們整個部落的心意，請大汗勿要見怪。」鐵木真一聽此話，就有些生氣地說：「我想你們是誤會了。我覺得孛禿是個難得人才，才將妹妹嫁給他，而不是看中他的家產。如果婚姻是以金錢財物來衡量的話，這和商家做買賣有什麼區別呢？我現在想統一天下，如果你們整個部落能跟著孛禿為我效命，我就非常高興了，沒必要談什麼聘禮了。」

最後，在鐵木真的主持下，把妹妹帖木倫嫁給了孛禿，還陪了很多嫁妝。孛禿為此感激涕零，從此一心一意為鐵木真效力。後來，乃蠻部落起兵反叛鐵木真，孛禿親自率軍圍剿乃蠻部落，很快就平定了叛亂，立下了大功，鐵木真從此更加倚重他了。

後來，帖木倫得病去世，鐵木真又將女兒嫁給了孛禿。此後的歲月裡，孛禿為鐵木真南征北戰，為元朝的建立下了汗馬功勞。

【故紙揮塵】

「士為知己者死，女為悅己者容」，這是人們普遍存在的心理，而鐵木真也深諳此點。他認為孛禿是個難得的猛將，先是把妹妹嫁給了他，再後來又將愛女許之，使得孛禿忠心耿耿為自己效力。身為領導者，更應

該學習鐵木真的用人之道，讓部下視你為伯樂，使他們
願意付出一切來報答你的知遇之恩。

第四章　處世有道篇

田忌賽馬孫臏展才

　　孫臏是戰國時期著名軍事家孫武的後代，曾和龐涓一起拜在鬼谷子[118]門下學習兵法。學成之後，師兄弟二人辭別恩師，先後去了魏國效力。龐涓是個嫉賢妒能之輩，他見師兄孫臏的才華在自己之上，生怕在魏王面前失寵，便設計陷害孫臏。魏王聽信讒言，挖掉了孫臏的雙膝蓋骨。為了保住性命，孫臏裝瘋賣傻，尋找機會逃離魏國。

　　孫臏本是齊國人，齊威王知道孫臏是個難得的人才，聽說了他悲慘遭遇後，便和大將田忌設了一計，派使者出使魏國，暗中將孫臏救了回來。齊威王大喜，用十分隆重的禮儀接待了孫臏，並想拜他為大夫。孫臏認為自己初到齊國，未建寸土之功，受之有愧。同時，他也擔心龐涓得知後，不肯放過自己，會派人來追殺他，於是婉言謝絕了。齊威王是個聰明之人，知道孫臏有他的苦衷，也不好勉強，便讓他住在田忌家裡，尊為上客。田忌也十分愛孫臏的才華，不僅尊敬他，而且對他言聽計從。

　　當時齊國的王公貴族中，非常流行賽馬的遊戲。齊威王每有閒暇，總會召集群臣，與他們以賽馬賭勝為樂。田忌的馬都不如齊威王的馬，因此每賽必輸。一天，田忌帶著孫臏

118　鬼谷子：姓王名詡，春秋時人。常入雲夢山採藥修道。因隱居清溪之鬼谷，故自稱鬼谷先生。春秋戰國時期著名的思想家、謀略家、兵家、教育家，是縱橫家的鼻祖，是中國歷史上一位極具神祕色彩的人物，被譽為千古奇人。

到圍場觀看賽馬比賽。孫臏見田忌的馬雄健善跑，不是很差，可是與齊威王的馬比賽，卻三場皆輸。他靈機一動，悄聲對田忌說：「將軍明日可再與大王賽馬，我保證將軍能贏。」田忌大喜道：「先生若能助我獲勝，我願意以千金和大王作賭注。」孫臏微微一笑，說：「請將軍儘管下賭注就是。」於是，田忌便對齊威王說：「臣與大王賽馬，屢賽屢輸，臣心有不甘。明天臣願意傾其所有家財，與大王賽馬，一決輸贏，不知您意下如何？」齊威王爽朗大笑道：「好，寡人答應你，明天一定叫你輸得心服口服。」

　　田忌與齊威王賽馬賭千金的消息像長了翅膀一樣，傳遍了大街小巷，整個臨淄[119]城為之轟動。第二天，前來看熱鬧的王公貴族和百姓將圍場圍了個水洩不通。這時，田忌有些不安地問孫臏說：「先生的必勝之術何在？這賽馬賭千金可不是小事。」孫臏附在田忌耳邊說：「大王的馬可以說是馬中之王，將軍的馬與大王的馬相比，實力懸殊很大，如果將軍每場都要獲勝，顯然是不可能的。但是我能以技巧助你獲勝，現在大王與將軍各出三匹馬比賽，以將軍的下等馬與大王的上等馬比賽，用將軍的上等馬與大王的中等馬比賽，用將軍的中等馬與大王的下等馬比賽，這樣一來，將軍一場賽馬會輸，但另外兩場賽馬比賽，將軍必然會勝出。」

119　臨淄：今山東省臨淄市。

　　田忌聽後，大喜道：「先生此計絕妙！」遂依計而行，在第一場賽馬中，用自己的下等馬與齊威王的上等馬比賽，結果田忌輸了，齊威王大笑。田忌說：「下面還有兩場賽馬比賽，等臣全輸了，大王您再笑臣也不遲。」結果，下兩場的賽馬比賽中，田忌果然都勝了。齊威王大驚，忙問其中原因。田忌說：「今日之勝，非臣馬之力，乃孫臏所教。」又把孫臏賽馬的計謀詳細地講了一遍。

　　齊威王聽後，感慨道：「從此等小事中，就能看出孫先生的才智之高，非常人能及。」從此對孫臏更加尊敬了。

【故紙揮塵】

　　孫臏教田忌賽馬，以下對上，以上對中，以中對下，這雖然只是一個用來取樂賭博的遊戲，卻能給人帶來很多啟示。不論做什麼事情，都應該顧全大局，不能計較眼前的得失。為了贏得最終的勝利，必要時必須果斷捨棄局部利益，以換取更大的勝利。生活中，面對自己無法改變的事情，如果能學會捨棄，也未嘗不是一種智慧，至少能免去很多沒有必要的麻煩，而幸福的真義就是捨棄不屬於你的東西，才能永久擁有你不該丟失的東西。

＝為大業秦王納忠諫

　　秦莊襄王死後，年僅十三歲的秦王嬴政繼位，尊其母親趙姬為太后。因嬴政未及弱冠，不能親政，因而將朝中大權交給相國呂不韋。而趙姬本是個風塵女子，耐不住宮中寂寞，時常讓呂不韋入宮陪她。時間一久，呂不韋擔心秦王會有所察覺，引火焚身，便找了一個登徒子嫪毐，扮成太監，帶入宮中，伺候趙姬生活起居，趙姬生下兩個兒子，又封嫪毐為長信侯。

　　嫪毐仗著趙姬的寵信，威焰日熾。一次，嫪毐與朝中大臣聚宴，嫪毐喝得酩酊大醉，與大臣們發生了口角，嫪毐高聲怒罵道：「你們是什麼東西，敢頂撞我？我乃秦王假父，連秦王都要聽我的話，你們有眼不識泰山，還不知罪嗎？」大臣們一聽，紛紛退下，往報嬴政。

　　此時，秦王已在位九年，歷練得成熟了很多，而且也掌握了朝中大權，此時聽到這種醜聞，自然怒不可遏，命人祕密調查此事。結果得知嫪毐並非太監，和太后的關係確實非同一般，而且他們還生了兩個兒子。很快，嫪毐得知了消息，知道大禍將至，與其坐以待斃，不如奮力一搏，或許還有活下去的機會。於是，他與趙姬暗中串通，偽造玉璽，假造詔書，調集周圍軍隊，發動了宮廷政變。秦王早就所準備，很快平定了這場叛亂，將嫪毐五馬分屍，誅其三族，又

將趙姬的兩個私生子殺了。因太后趙姬是秦王的生母，不便處死。秦王便讓她離開咸陽[120]，前往雍城[121]居住。呂不韋將嫪毐引入宮中，本該連坐，但秦王念及他侍奉先王有功，不忍殺他，便免去他的相國之位，令他返鄉，沒有詔令不得入都。但最後呂不韋還是難逃一死，被迫飲鴆[122]自盡。

此事在秦國傳得沸沸揚揚，舉國上下議論紛紛，都說秦王刻薄寡恩，連自己的生母都不放過。其中就有幾個正直的官吏，入宮直諫，請秦王迎回太后。秦王餘怒未消，現在又有人前來勸諫，更是火上澆油，當場發作，命人將他們處死，並下令說：「有敢以太后之事勸諫者，一律處死！」但還是有幾個不怕死的，入宮勸諫，秦王毫不留情地連殺二十七名諫官，並將他們的屍體堆在宮門外示眾。

齊國人茅焦知道此事後，入宮求見秦王。秦王派使者出殿提醒他說：「不准再為太后之事進諫。」茅焦說：「我正是為此事而來。」使者警告他說：「你難道沒看到宮門外的二十七具屍體嗎？他們都是為此事而死的，你又何必枉送性命？」茅焦說：「我聽說天上有星宿二十八座，現在已經死了二十七個，我此番前來就是要湊夠二十八之數。我若是貪生怕死之輩，就不會來了。」使者如言返報。秦王氣得臉色鐵

120　咸陽：陝西省咸陽市。
121　雍城：遺址在今陝西省鳳翔縣境內。
122　鴆（ㄓㄣˋ）：鴆是一種毒鳥，相傳以鴆毛或鴆糞置酒內有劇毒。

青，大怒道：「這個不知天高地厚的傢伙是故意來違背寡人命令的，速速將大鼎燒熱，寡人要將他煮了，看他如何橫屍宮外去充數？馬上傳他入宮！」說罷，按劍而坐，一臉殺氣。左右無不驚恐失色，都為茅焦暗中擔心。

　　茅焦毫無懼色，從容不迫地走進大殿，向秦王行過禮後，說：「臣聽說長壽之人不忌諱說死，享國之人不忌諱說亡國；忌諱說死亡者命不久，忌諱說亡國之人不得保全。生死存亡的道理，都是賢明之君迫切聽到的，不知您是否願意聽一聽？」秦王見茅焦沒有提及太后之事，怒容微斂，問道：「此話怎講？」茅焦便放膽而言：「大王您殺了假父和兩個弟弟，幽禁生母，殘殺諫官，這是和夏桀、商紂一樣實施暴行。倘若天下得知此事，就沒有人會擁護秦國了。臣擔心秦國會因此亡國，所以才向您說這些話。我的話說完了，請大王將我煮了吧！」說著，解下外衣，等待就烹。

　　聽了茅焦一番話，秦王大受震動，急忙下殿，握著茅焦的手說：「寡人知錯了！請先生穿好衣服，寡人願意向你請教。」隨後，拜茅焦為上卿[123]，並令他將太后迎回咸陽。

123　上卿：古代官名。春秋時，周朝及諸侯國都有卿，是高級長官，分為上、中、下三級（即：上卿、中卿、下卿）。

【故紙揮塵】

　　秦始皇脾氣暴躁，不通人情，最後卻能吞併六國，統一天下。這除了他非凡的才略外，還有一個很重要的原因，就他能聞過則改。一個人若是知道自己犯了錯誤，卻不願意改正，這是偏執，對今後的發展是毫無益處的。主動而我們要做的是，在發現自己的錯誤後，要拿出勇氣承認，然後努力改正，並以此為戒，永遠不再犯同樣的錯誤。

═ 忘舊情陳勝除故交 ═══════

　　陳勝是秦朝末年著名的農民起義領袖。他自幼家境貧寒，沒有謀生的本領，只能受僱於人，和幾個同伴一起給地主耕田種地。

　　一天，陳勝在田間工作有些累了，便坐在田埂[124]上休息，看著不遠處大腹便便的地主，不由得想到自己堂堂七尺男兒，竟然還要過這種寄人籬下的生活，不免長吁短嘆。他的同伴見他鬱鬱寡歡的樣子，便問他怎麼了。陳勝答道：「你們且不必問我，他日我若得志，一定會與你們共用富貴，不會相忘！」同伴們聽了，都嘲笑他說：「兄弟，我們天生就是

124　田埂：田間的埂子，用以分界並蓄水。

當農民的命，還想什麼富貴？」陳勝感慨地說：「燕雀怎能知道鴻鵠的大志呢！」

　　秦二世元年（西元前二〇九年），陳勝、吳廣等九百餘人被徵調去戍守漁陽[125]。行至大澤鄉[126]時，天降大雨，道路泥濘，無法前行，以致耽誤了行程。按照秦朝律法，延期要被處斬。陳勝與吳廣本是故交，現在又是患難兄弟，因此彼此密議一番，決定鋌而走險，揭竿起義。

　　天下百姓苦秦久矣，待陳勝、吳廣起義後，天下響應，百姓紛紛來投，起義軍實力大增。陳勝率領起義軍，一路勢如破竹，無人能敵，待攻下陳縣[127]後，起義軍發展到騎兵千餘，步兵數萬人，戰車六七百輛了。眾人便擁立陳勝為王，國號「張楚」。

　　一位曾和陳勝一起當過雇工的夥伴，因記得陳勝富貴相忘之言，現在聽說陳勝稱王了，便想攀附高枝，博取榮華富貴。當即啟程，千里迢迢地來到陳縣，叩門求見。守衛見他衣衫襤褸，舉止粗魯，已有三分討厭，便不客氣地問他何事？他便得意地說：「我要見我的老哥陳勝！」守衛大怒，喝道：「大膽小人，你竟然直呼大王大名！」一面說，一面令人將他綁起來治罪。他不肯受縛，大聲呼喊他就是陳勝的老

125　漁陽：今北京密雲。
126　大澤鄉：古地名。在今安徽省宿州市埇橋區東南西寺坡鎮的劉村。
127　陳縣：今河南省淮陽縣。

朋友。守衛見狀，雖然半信半疑，卻也不敢再為難他，便將他趕了出去，但無論如何也不肯為他通報。他也不氣餒，便守在王宮門口，等陳勝出來。

一連等了幾天，好不容易等到陳勝外出，他便上前攔住陳勝，說道：「陳勝老哥，是我呀，我來找你了！」身著華貴的絲綢衣服仔細一看，原來是過去的老相識，不好怠慢，便讓他同坐一輛車入宮。進了王宮，這位老哥見宮殿富麗堂皇，帷帳華麗，宮女個個美若天仙，不由得大呼小叫，嘖嘖稱羨。

陳勝心中雖有些不悅，但又不好發作，便命人置辦酒席，款待老友。這位老哥也不識好歹，幾杯酒下肚，便管不住自己的嘴了，越加胡言亂道，往往是唾沫橫飛，拍案感慨道：「陳勝呀陳勝，真沒想到你小子也能有今日！」陳勝更加不悅，只是隱忍不發。宴席散後，陳勝讓他留宮居住幾日。

這位老哥在宮中居住的時候，往往不顧禁令，四處亂竄，還肆無忌憚地和別人講述陳勝年少時的故事。時間一長，幾乎宮中所有的人都知道了陳勝往日的經歷。這種不利於陳勝的言論，早有人祕奏了陳勝，並勸陳勝說：「此人愚昧無知，常常胡說八道，時間長了，恐怕會有損大王的威名。不如及早除掉他。」陳勝對這位老友早有不滿，便採納了手下的建議，命人將他處死了。

【故紙揮塵】

　　陳勝從一個受僱於人的農民，一夜之間，成為可以左右天下大勢的起義軍領袖，地位水漲船高，可謂要風得風，要雨得雨。在這樣的情況下，陳勝自然不願意別人提及他貧寒的過去，這也是人之常情，畢竟誰都希望向別人展示自己光鮮的一面。而陳勝的老友卻不諳此道，無所顧忌地向別人揭露陳勝過去的窮酸，最終落了個被殺的下場，可謂咎由自取。

　　生活中，假如與一位多年未曾謀面的老朋友見面，你就會發現彼此不論在學識、地位等方面都會有很大差距，而你不能再以過去的眼光去看待對方，否則，談話就會以敗興收場。其實，不管自己的地位比對方高或者低，我們需要做的是保持一顆淡然和不卑不亢的心。對弱者和強者都要一視同仁，這樣才是成熟的表現。

═ 主父偃附惡得報應 ═

　　西漢大臣主父偃年輕的時候，家境貧寒，沒有謀生的本領，成天在大街上遊蕩，受盡了人們的白眼。世態的炎涼，自身的貧困無依，使他恨透了這個世界，發誓一定要成為人上人，報復那些曾經羞辱過他的人。

　　從此，主父偃過起了聞雞起舞、披星戴月的生活，他終日研讀經書，終於成為一個學識淵博的人。之後，主父偃信心滿滿地遊歷了燕、齊、趙等藩國[128]，卻始終沒有獲得賞識，他惱羞交加，更加痛恨這個世界了。性格倔強的主父偃強決定破釜沉舟，隻身來到國都長安，直接上疏漢武帝劉徹。但一連等了幾天，奏章如泥牛入海，杳無音信，主父偃徹底死了心，準備回故鄉老死終身。正當他收拾行裝的時候，漢武帝派使者請他入宮並封他郎中[129]。從此，主父偃時來運轉，官運亨通，一年之內竟連升四級，官居顯位。

　　主父偃手握大權，春風得意，便開始了他的報復行動。對於曾經羞辱和得罪過他的人，他都以莫須有的罪名，將他們打入大牢。就連以前對他不禮貌的人，他也毫不留情地迫害他們，甚至不惜致人死地。對於當初看不起他的燕、齊、趙等藩國，他更是不擇手段地迫害其國王，以發洩自己的仇恨。燕國國王劉定國，是漢武帝的兄長，他荒淫無度，心狠手辣，是有名的昏君。他先是看中了父親的小妾，便想法方設法霸占了她，並生下了一個兒子，後來，他又被弟弟妻子的美貌所吸引，便強行搶來，據為己有。正當主父偃無法報復燕王而發愁時，碰巧有人上奏揭發了燕王的種種醜行。主父偃大喜，覺得這是報復燕王的絕好機會，便主動請命，獲

128　藩國：指古代王朝的屬國；諸侯國。
129　郎中：帝王侍從官的通稱。

准審理此案。他公報私仇，不僅向漢武帝如實稟報了燕王的種種罪行，還隨便編排了燕王其他罪行，漢武帝勃然大怒，責令燕王自盡以謝天下。

　　燕王死後，主父偃便開始鞏固自己在朝中的地位。齊國國王劉次昌是漢武帝的姪子，兩人感情甚好。為了能當上皇親國戚，主父偃便想把女兒嫁給齊王，齊王素來看不起主父偃那副小人得志的嘴臉，便委婉拒絕了。為此，主父偃對齊王恨之入骨，便對漢武帝說：「齊國土地肥沃，物產豐富，人口眾多，這樣富饒的國家應該交給陛下的愛子掌管，這樣才能保證萬無一失。」漢武帝心裡確實對齊國放心不下，此時聽主父偃這麼一說，便任命他為齊國相國，負責監視齊王的一舉一動，以防不測。

　　主父偃剛到齊國，便四處羅織罪狀，陷害齊王，並將其關入監牢，嚴刑逼供。齊王悲憤交加，最後含冤自殺。趙王劉彭知道自己曾經怠慢過主父偃，如今得罪過他的人不是入獄，就是命歸西天，現在齊王剛死，下一個遭殃的恐怕就是自己了。為了自保，趙王索性來個先發制人，搶先一步向漢武帝揭發主父偃公然收受賄賂，陷害齊王的罪行。

　　趙王這一招打得主父偃措手不及，還沒等他想好脫身之計，就被收監入獄。他對自己受賄的事實供認不諱，但卻極力否認陷害齊王的罪名。漢武帝念及主父偃頗有才華，不忍

殺他，但主父偃的政敵公孫弘屢次進言，說他離間君臣關係，陷害齊王，不殺他難以服眾。加上主父偃平時樹敵太多，到了危急時候，除了落井下石者，竟沒有一個人為他求情。最後，漢武帝狠下心來，下令殺了主父偃，誅其全族。

【故紙揮塵】

　　主父偃是個有才無德之人，他心胸狹窄，不能容忍之過，用各種手段打擊報復曾經得罪過他的人，最後因樹敵過多，落了個被殺的下場，可謂自食惡果。俗話說：「寧得罪君子，不得罪小人。」生活中像主父偃這樣的人比比皆是，在他未出人頭地時，雖然能與大家和平共處，但他會對別人在言語、行為上的冒犯耿耿於懷，如果我們對其不加防備，哪一天落入他手，一定會遭來報復。所以，在與人交往過程中，我們一定要多加識別對方的為人和品行，堅決不與品行低下的人交往。

═ 為吏治朱博懲惡霸 ═════════

　　朱博，字子元，西漢杜陵[130] 人，他原來是一介武官，但並不魯莽，反而十分聰明。後來他調任左馮翊[131] 地方文官，充分發揮自己的才智，巧妙地制服了地方上的惡霸。

　　當時，在長陵[132] 地區，有個家境很的富裕的人叫尚方禁，此人年輕的時候，酗酒滋事，無惡不作，曾試圖霸占別人的妻子，結果非但沒成功，反遭報復，被人用刀砍傷了臉頰。如此大奸大惡之人，本該受到重重懲治，但這尚方禁卻不是省油的燈，用大量錢財賄賂了官府的功曹，結果不僅為自己開脫了罪名，而且還當上了守尉。

　　朱博到任後，就有人擊鼓鳴冤，向他檢舉了此事。朱博聽後，勃然大怒，當即叫來尚方禁。尚方禁心裡有鬼，知道東窗事發，朱博此次召見自己，肯定是要治自己的罪。等與朱博見了面，朱博發現他臉上果然有一道疤痕，遂屏退左右，低聲問道：「你臉上的疤痕是怎麼回事？」尚方禁心知自己的事情再也無法隱瞞了，急忙跪在地上，磕頭如搗地說：「請大人饒下官一命，我以後再也不敢做這種傷天害理的事情了。」

130　杜陵：秦置杜縣，漢以杜東原上為初陵，更名杜陵，晉改為杜城，後魏改杜且驪周廢，故城在今陝西長安縣東南。
131　左馮（ㄆㄧㄥˊ）翊：官名，亦為行政區名，為漢代三輔之一。漢時將京兆尹、左馮翊、右扶風稱三輔，即把京師附近地區歸三個地方官分別管理。
132　長陵：位於陝西省咸陽市東約二十公里的窯店鎮三義村北。

　　朱博聽後，突然笑著說：「大丈夫一時糊塗，做出這樣的事情也是難免的。本官想給你一個戴罪立功的機會，你願意把握嗎？」尚方禁喜出望外，又連連磕頭說：「下官唯大人馬首是瞻。」朱博便對他說：「不准向別人提及我們今天的談話，以後要多與其他官員接觸，博取他們的信任，及時把他們的言論告訴我，記住了嗎？」尚方禁重重地點了點頭，然後千恩萬謝一番後，就向朱博辭別回家去了。

　　尚方禁為了報答朱博的寬釋重用之恩，十分賣力地辦事，幾乎每天都能揭發一些貪官汙吏的罪行，功績顯著，使地方治安情況大為改善。朱博十分高興，重重嘉獎了尚方禁。

　　又過了很長時間，朱博突然暗中召見了功曹，嚴厲地斥責了他一頓，然後拿出紙筆，讓他把接受尚方禁賄賂的事實寫出來。那位功曹早就嚇得面如土色，只好提筆將受賄是事情寫了出來。由於尚方禁早就向朱博告發功曹受賄的事實，朱博一看功曹寫的自陳罪狀，覺得他沒敢隱瞞，便對他說：「你先回去好好反省自己的罪過，今後，你再敢胡作非為，本官絕不輕饒！」說罷，從腰間抽出寶劍來。

　　功曹一見那把寒光凜凜的寶劍，嚇得跪在地上，磕頭求饒道：「求大人饒命！求大人饒命！」只見朱博左手將抓起桌子上的罪狀，右手揮動寶劍，將罪狀削成紙屑，然後揉成一團，扔到廢紙簍裡去了。

　　從此，那位功曹變得謹小慎微起來，辦事十分認真負責，再也不敢貪汙受賄了。

【故紙揮塵】

　　有人說，當你想殺死一個人的時候，就要用刀扎進他的心臟。當然，這句話並不是要我們去做壞事。而是說，當你想去制服對手時，一定要抓住他的軟肋。每個人都會有自己的軟肋，所以，當我們試圖制服某人的時候，一定要準確地找到他的致命點，才能確保萬無一失地掌控整件事情的成敗。當然，這種手段並不提倡在報復別人的時候或者挾持別人的時候使用，而是在必要的時候，確保自己的利益不受傷害而採取的行為。同時，要注意的是，凡事得過且過，不必要總是捏著別人的「小辮子」不放。如果，在對方試圖妥協或者讓步的條件下，「放他一馬」換來的可能不光是財富，還可能是一分感恩，一分長久的友誼。切不可，把對方惹怒，導致雙方的利益產生不必要的損失。

脫虎穴溫嶠巧施計

　　王敦是東晉元帝時代的將軍，他野心勃勃，欲篡位自立。永昌元年（西元三二二年），王敦以平叛為由，率軍攻入石頭城[133]，脅迫朝廷，擅自改易大臣，掌控了朝政大權，成為朝中第一權臣，自立之心一日迫切。

　　當時，中書令[134]溫嶠頗受晉元帝司馬睿的器重。溫嶠字太真，山西太原人，為人正直，胸有韜略。北方大亂時，溫嶠在建康[135]積極擁立司馬睿為帝，所以受到器重。但溫嶠的得寵卻引起了王敦的嫉妒，就胡亂編排了一個理由，請晉元帝讓溫嶠做他的左司馬[136]。

　　溫嶠知道王敦是嫉賢妒能之輩，睚眥必報之徒，就採取韜光養晦的策略，表面上對王敦言聽計從，對他安排的任務盡力完成，並不時為王敦出謀劃策，言辭十分懇切。日子一久，王敦開始信任溫嶠。溫嶠知道王敦平日最倚重錢鳳，而錢鳳是王敦所有幕僚中最有頭腦的人，所以，溫嶠主動和錢鳳打好關係，兩人經常在一起煮酒論詩，氣氛十分融洽。溫嶠還經常在王敦面前誇獎錢鳳說：「錢鳳不僅富有謀略，而且滿腹經綸。」溫嶠素識人之名，所以錢鳳也十分高興，與溫

133　石頭城：建康西邊的軍事要塞。
134　中書令：是幫助皇帝在宮廷處理政務的官員。
135　建康：今江蘇省南京市。
136　左司馬：司馬是古代的軍官，分左右司馬，執掌軍政。

嶠的關係更加親密。

　　正當王敦、錢鳳等人忙著整頓兵馬準備起兵的時候，丹楊[137]尹[138]出現了空缺。丹楊是由姑蘇通往建康的重要通道，歷來是兵家必爭之地。溫嶠仔細思慮一番，便去見王敦說：「丹楊是我們進兵之路，地理位置十分重要，所以明公要派自己的人去擔任丹楊尹。」王敦點頭說：「我也正慮及於此，你看誰堪當此任？」溫嶠知道王敦時刻離不開錢鳳，便毫不猶豫地說：「錢鳳無論智謀還是學識都屬一流，天下無人能與之比擬，所以這個職位非他莫屬。」溫嶠這種以王敦的親信為推薦對象，既能表現自己的忠心和無私，又必然會使職位落到自己頭上，果然錢鳳聽說後，馬上向王敦推薦溫嶠，溫嶠以自己能力不足為由，假意推辭不受。這時，王敦說：「既然錢鳳極力推薦你，你也不要推卻了，即刻上任去吧。我會將此事上奏朝廷的。」就這樣，溫嶠做了丹楊尹。

　　溫嶠心裡十分明白，王敦勢力龐大，而且蓄謀已久，若是突然發難，朝廷會很難抵擋，所以，他必須穩住王敦，消除他對自己的戒備，同時，他知道錢鳳並非等閒之輩，倘若在自己走後，錢鳳突然醒悟過來，向王敦揭穿自己的計策，那可就前功盡棄了，情急之下，溫嶠想出一條反間計。

　　在溫嶠上任的前一天晚上，王敦特意設宴為溫嶠踐行。

137　丹楊：今安徽宣城縣。
138　尹：官名：令尹；府尹。

　　酒至半酣，溫嶠開始逐一敬酒，敬到錢鳳時，錢鳳舉杯正要喝，溫嶠佯裝醉酒，斷斷續續地說：「你錢鳳也太倡狂了，我敬酒你竟敢不喝！」一邊說，一個巴掌掃出去，將錢鳳的頭巾打落在地。在場賓客看得目瞪口呆，錢鳳尷尬得臉紅脖子粗。王敦一看，忙走上前來，向賓客們解釋說：「溫嶠上任在即，不捨得離開大家，喝醉了酒也是人之常情，請大家體諒他一些。」

　　第二天，溫嶠向王敦辭行說：「昨天在宴席上，我喝醉了酒，衝撞了錢鳳。我真擔心我走之後，您會不信任我。」王敦說：「你就放心上任去吧，這件事情我心裡有數。」溫嶠這才一步三回頭地走了，一臉不捨。

　　溫嶠走後，錢鳳醒悟過來了，馬上對王敦說：「溫嶠與皇帝的關係很近，皇帝也十分寵信他，這個人未必靠得住啊！」還不等錢鳳把話說完，王敦就打斷他說：「昨天溫嶠喝醉酒了，雖然對你有些不禮貌，但屬於酒後失態，你不能因為這點小事在背後說他的壞話啊。」

　　溫嶠脫離虎口後，快馬加鞭趕回建康，把王敦意圖謀反的事全盤報告給晉元帝。晉元帝馬上調兵遣將，做了嚴密的部署，並決定先發制人，派兵攻打王敦。等王敦收到消息後，氣得暴跳如雷，發誓等攻破建康，一定要親自拔掉溫嶠的舌頭。

　　不久，王敦便被朝廷的軍隊打敗，王敦在憂病交加中去世。

【故紙揮塵】

溫嶠在危難之中，依然能明辨是非，為大局著想，堅決不與敵人同流合汙，又能以柔克剛、金蟬脫殼之計化被動為主動，成功平息了一場叛亂。由此看來，處世要懂得迂迴之術，不論在生活還是工作中，如果能學會能屈能伸，以迂為直，在能避開一些禍端的同時，也能達成所願，可謂一舉兩得。

遭讒言斛律光遇害

斛律光是南北朝時北齊名將，字明月，高車族。斛律光是將門之後，其父斛律金是驍勇善戰的武將。斛律光受家庭環境的影響，從小喜歡舞刀弄槍，在武藝高強的父親指導下，斛律光的箭術日漸精湛，有百步穿楊之功。

長大後，斛律光成為北齊的將軍，驍勇有謀，在與北周長達二十多年的戰爭中，他身先士卒，奮勇殺敵，從無敗績，令北周將士聞風喪膽，不戰自潰。

當時，北齊尚書右僕射祖珽，權傾朝野，作惡多端。斛律光十分厭惡他，對他的態度十分冷淡，從未主動和他打過招呼。時間久了，祖珽有所察覺，便以重金賄賂斛律光身邊的奴僕詢問原因，奴僕告訴他說：「自從您掌握大權以來，相

王每夜都會嘆息說：『瞎子入朝，國家必毀。』」祖珽聽後，萬分惱怒，恨極了斛律光。

斛律光的女兒雖然貴為皇后，但卻得到不北齊後主高緯的喜愛，因此，祖珽更加有恃無恐，向後主進讒言，說些斛律光的壞話。

斛律光因功勳卓著被封為咸陽王，可謂位極人臣，但他生活簡樸，很少接待賓客，他從不接受賄賂，也不貪圖權勢。他為人謙虛、謹慎，每逢朝廷集會議事時，他總會先等別人說完，自己才發言，說的話總能使人信服。斛律光治軍嚴明，賞罰分明，能與將士同甘共苦。將士們有觸犯軍法的，他只用軍棍責打，從不肯輕易殺人。

韋孝寬是北周大將，他每次與斛律光交戰，都會敗在他的手下。韋孝寬嘗到了斛律光的厲害之後，深知要想滅掉北齊，必須先除掉斛律光才行。他精心編了一首歌謠：「百升飛上天，明月照長安。高山不推自崩，槲樹不扶自豎。」然後，他派人到鄴城 [139]，讓鄴城的小孩四處傳唱這首歌謠。很快，祖珽聽說了此事，心中暗暗高興，把歌謠寫在紙上，派人交給後主。

後主一看紙上的歌謠，卻不明其意，便召來祖珽，問道：「這首歌謠究竟是何意？」祖珽故作驚慌，伏地叩頭道：

139　鄴城：古代著名都城，舊址位於今河北邯鄲市臨漳縣、磁縣和河南安陽市安陽縣交界處。

「皇上，斛律光要造反！」後主忙問何故。

祖珽解釋道：「歌謠中的『百升』[140]，是個斛字，暗指斛律光。皇上尊姓高，歌謠中的『高山』是影射您。這兩句歌謠的意思就是說，斛律光要當皇帝了，北齊馬上就要亡國了。」

說到這，祖珽抬頭偷偷一看，見後主面露怒色，頓了頓，又接著說道：「斛律光的字為明月，威名遠揚，他的兒子個個勇猛無比。他的女兒是皇后，兒子又娶了公主。無風不起浪啊，這樣的謠言，想想就讓人心驚啊。」後主聽後，勃然大怒，當即就要下令捉捕斛律光，侍駕大臣韓長鸞極力勸阻道：「皇上，現在正是多事之秋，若是輕信謠言，殺了斛律光，北周定會乘機進犯我國，那時誰來抵擋？還望皇上三思。」後主聽了，這才作罷，但殺斛律光的念頭不曾忘卻。

祖珽卻不肯甘休，不久又向後主誣告斛律光家中私藏兵器，圖謀造反，後主聽了，決定除掉斛律光，便依祖珽之計，賞賜斛律光駿馬一匹，並約定他次日同遊山水。生性耿直的斛律光哪裡會想到這是個陰謀，次日一早，他便應邀欣然入宮。剛走到涼風堂，斛律光就被三名壯漢撲倒在地，用弓弦活活將他勒死。從始至終，武藝高強的斛律光沒做任何反抗，只是悲壯地說：「我沒有辜負國家，你們為什麼要這麼對我！」一代名將就這樣被冤殺了。

140　百升：這裡的升，原指舊時容量單位，十升等於一斗，十斗即一百升，等於一斛。百升影射斛律光的斛字。

北周後主聽說斛律光被殺，除了感嘆韋孝寬的計謀高明之外，又大赦天下，表示慶祝。西元五七七年，北周後主發兵攻下鄴城，北齊滅亡。

後來，北周後主又追封斛律光為上柱國、崇國公，並指著詔令嘆道：「如果斛律光還在，我是絕對滅不掉北齊的！」

【故紙揮塵】

> 古語云：「三世為將，必有禍殃。」斛律光出身將門，戎馬一生，威懾強鄰，立功無數，若他不死，北齊則不會亡國。斛律光位極人臣，雖淡泊名利，卻不懂功高震主、物極必反之理，惹來君臣的嫉恨，結果釀成悲劇。古語說：「月滿則虧，水滿則溢。」一個智者不論在做事還是說話，都能拿捏分寸，留有餘地，可進亦可退。如能長此以往，必能獲得更高的智慧，邁向成功之路。

施報復盧杞洩私憤

楊炎是唐代宰相，著名的財政改革家。他容貌俊秀，博學多才，具有卓越的政治才能。然而，楊炎雖有宰相之才，卻無宰相之度。他看不起同是宰相的盧杞。

　　盧杞是唐玄宗時的宰相盧懷慎之孫，盧懷慎擔任宰相期間，廉潔奉公，從不以權謀私，深得百官的敬重。盧杞的父親盧奕賢明有德，生活十分節儉。人們都以為盧杞遺傳了先祖的美好品德，卻沒有人知道他是個詭計多端、善於詭辯的小人。盧杞不僅相貌醜陋，而且沒有多少真才實學。他雖與楊炎同朝為官，共事一主，但楊炎除了有公務需要和他商議之外，幾乎從來不主動與他說話。按當時制度，宰相們除了在一起辦公外，還要一同吃飯。楊炎因不願與盧杞同桌用飯，經常藉故在別處單獨用飯。

　　時間一長，有人看出楊炎對盧杞不滿的情緒，便趁機對盧杞挑撥說：「楊大人心高氣傲，有些看不起你，都不願和你同桌吃飯。」對自己相貌一直不自信的盧杞，有很深的自卑感，因此對楊炎懷恨在心，總想找機會報復楊炎。他深知自己不是進士出身，加上面貌醜陋，才能更是無法與楊炎相比，但他憑著善於揣摩上意的本事，逐漸取得了唐德宗的信任。

　　不久，節度使梁崇義起兵反叛朝廷，唐德宗召集群臣商議平叛之策。這時，有人推薦讓淮西[141]節度使李希烈率軍平叛。唐德宗一直很器重李希烈，有意起用他。但楊炎卻堅決反對，他認為李希烈為人反覆無常，不可重用，便極力勸阻

141　淮西：今主要指安徽省的江淮地區。

唐德宗說：「李希烈心狠手辣，曾殺了十分信任他的養父，取代其職位。此人現在沒有寸土之功，就敢蔑視朝廷，不守法度，若是在平叛中立了功，以後會更加是無忌憚，難以控制了。」

然而，唐德宗一意孤行，毅然決定讓李希烈出征。剛直的楊炎見唐德宗不聽自己的忠言，十分著急，再三反對起用李希烈，這下惹怒了本來就對他有些不滿的唐德宗，唐德宗當即下詔任命李希烈為將，立即率軍出發征討梁崇義。然而，李希烈受命掌握兵權後，趕上天降大雨，道路泥濘不堪，進軍極其緩慢。唐德宗是個急性子，擔心貽誤軍機，錯過取勝的機會，便找來盧杞商量。盧杞看著這是個扳倒楊炎的絕佳機會，便對唐德宗說：「李希烈之所以進軍緩慢，正是聽說楊炎反對他的緣故，陛下您何必為了楊炎而耽誤平叛的大事呢？這關乎到江山社稷的興旺衰敗，依臣看，不如暫時罷免楊炎的相位，免去李希烈的後顧之憂。等他平定叛亂後，再重新起用楊炎。」聽了盧杞的一番話，唐德宗認為有理，便聽從其言，下令免去了楊炎的宰相職位。

從此，盧杞大權獨攬，完全掌握了楊炎的命運，自然不會給他東山再起的機會，便找機會整治楊炎。楊炎為了紀念祖先，在長安建了一座祠廟。盧杞便在唐德宗面前誣衊楊炎說：「楊炎建廟的地方有帝王之氣，唐玄宗時候，宰相蕭嵩曾

在此地建造過祖廟，因為一次玄宗皇帝出遊此地，看到此地王氣很盛，就命令蕭嵩將祖廟改遷別處了。如今，楊炎一定也看出此地有王氣，所以要在這裡建造祖廟，他一定有篡位自立的野心。」生性多疑的唐德宗聽後勃然大怒，當即下令殺了楊炎。

【故紙揮塵】

　　《論語》云：「君子坦蕩蕩，小人長戚戚。」君子以光明磊落、潔身自好為處世之本，不畏流言和詆毀，因為他們認為，只要行得正，便不怕影子歪。殊不知，明槍易躲，暗箭難防。一些小人為了謀取某種利益，不擇手段地陷害你，直到你身敗名裂才肯罷休。所以，我們要與小人保持距離，盡量不與其一般見識。倘若不幸被小人所糾纏，我們也不必過分煩惱，而是要時刻保持一顆冷靜的頭腦，坦然處之。如果小人對你進行人身攻擊，那你就無需繼續忍讓，而要奮起反擊，將其惡劣的行徑公之於眾，以維護你的尊嚴。

赴家宴李泌顯風度

　　李泌（ㄅㄧ丶），字長源，京兆 [142] 人，唐德宗李适（ㄎ
ㄨㄛ丶）時期著名宰相。初任宰相時，李泌雄心萬丈，一心
輔佐唐德宗治理天下，使唐朝再現當初的繁榮之景。

　　唐德宗曾被回紇人羞辱過，因此對回紇恨之入骨，總想
找機會報復回紇。李泌做宰相時，因正直無私聞名天下，贏
得了回紇族的信任。回紇族想與唐德宗化干戈為玉帛，重歸
於好，因此主動想和唐朝結為姻親。李泌十分願意與回紇族
重歸於好，但他又不知道如何說服唐德宗。

　　正當李泌一籌莫展之際，駐守西北邊防的將領發來告急
文書，說為了鞏固邊防，防止敵人來犯，必須建立一支強大
的騎兵部隊，因此請朝廷盡快補充軍馬給邊防軍。唐德宗收
到文書後，不由一陣長吁短嘆，原來，此時的唐朝國庫空
虛，沒有多餘的錢去購買軍馬了。李泌忽然靈機一動，覺得
這是個機會，便向唐德宗進言說：「微臣有一個辦法，可以壓
低馬匹的價格。」唐德宗聽後大喜，忙問他有什麼辦法。

　　李泌頓了一下，才對唐德宗說：「皇上如果能為江山社稷
和百姓著想，委屈一下自己，微臣才敢直言。」唐德宗擺擺
手說：「朕肯定是一心為社稷著想，你有什麼好辦法，趕緊說
吧。」李泌說：「微臣希望您能答應回紇聯姻的請求。」還沒

142　京兆：今陝西西安。

等李泌把話說完，唐德宗就打斷了他的話，怒氣沖沖地說：
「別的事情朕什麼都能答應你，唯獨這件事不行，以後你要
再提這件事，別怪朕不客氣。」

李泌了解唐德宗的為人，知道他是個有仇必報的人，如
果操之過急，必然適得其反，給自己招來災禍。於是，他改
變了策略，在以後的日子後，每次見到唐德宗心情不錯的時
候，他總會不失時機地勸說唐德宗，並反覆分析其中的利害
關係。皇天不負苦心人，經過十幾次的反覆勸說，李泌終於
說服唐德宗答應與回紇聯姻。李泌大喜，當即啟程前往回紇
族，與回紇族的首領談判，唐德宗將咸安公主嫁入回紇，回
紇也自願向唐朝稱臣。隨著唐朝與回紇恢復關係後，回紇向
唐朝提供了很多馬匹，解決了西北邊防缺乏軍馬的問題。

李泌一生兢兢業業，一心為國，立下了很多功勞，但由
於朝中奸臣當道，朝綱敗壞，單憑少數賢臣的力量，是很難
挽回唐朝的頹廢之勢。在宦海沉浮多年的李泌看透了官場的
黑暗，同時，也覺得自己英雄無用武之地，不免心灰意冷，
於是乾脆辭官回鄉。

李泌走後，唐德宗絞盡腦汁，想再找一個人接替李泌的
職位，但他挑來選去，不是覺得這個沒有能力，就是嫌那個
威望不夠，最後還是覺得李泌資質德望俱佳，便派使者去請
他回來繼續擔任宰相。然而，李泌下定決定不再入朝為官，

委婉拒絕了。使者只好如此返報唐德宗，唐德宗心有不甘，再派說客前去遊說李泌，如此三次，但每次都被回絕了。唐德宗勃然大怒，又一次派人威脅李泌說，如果他再不應詔入朝，就把他流放到偏遠的蘄春[143]。李泌依然不為所動，唐德宗盛怒之下，竟然真的把他流放到了蘄春。

　　當時，在蘄春為官的韋斌，十分仰慕李泌，他不在乎李泌被流放的身分，十分尊重他，還派了幾個人供他差遣。每有閒暇，韋斌必會在家設宴款待李泌，與他飲酒談天。韋斌雖然才學不高，但他為人豪爽，喜歡行俠仗義，尤其好結交一些有才華的人，經常邀請他們來家聚宴喝酒。

　　一天晚上，韋斌在府邸裡涼亭置辦酒席，請一些朋友來喝酒吃飯，李泌也在應邀之列。兩個侍女手執燈籠，分站兩旁，為他們照明。酒過三巡，正當人們興致越來越濃的時候，忽然傳來幾聲貓頭鷹的叫聲，在空曠夜幕的襯托下，聲音淒慘無比，令人不寒而慄。韋斌是個很迷信的人，他一聽到貓頭鷹的叫聲，就放下酒杯，開始唉聲嘆氣。賓客們面面相覷，不知道發生了什麼事情，忙問其原因。韋斌說：「老人們常說貓頭鷹進宅，必然會帶來災禍。剛才貓頭鷹的叫聲淒厲無比，看來我要大禍臨頭了，只是我上有父母，下有妻兒，倘若我有個閃失，他們該怎麼辦啊！」他越說越傷心，

143　蘄（ㄑㄧˊ）春：今湖北省蘄春縣。

最後竟然失聲痛哭起來。眾賓客一聽，個個啞口無言，不知該如何安慰他。

這時，李泌突然舉著酒杯站起來，對眾賓客說：「大家不必多想，聽到貓頭鷹的叫聲未必就是不祥之兆，我們不如換個角度想，把它當成吉祥的聲音，聽起來就會好多了。還是讓我繼續喝酒談天吧！」

眾賓客聽了李泌的話，覺得很有道理，心中頓時釋然不少，於是紛紛開懷暢飲，晚宴的氣氛又逐漸地熱烈起來了。

【故紙揮塵】

從李泌處世態度來看，他不失為一個智者。他在做宰相的時候，不因為自己位高權重就驕傲自大，而是竭盡全力為國著想。當他認清朝廷的局勢後，選擇急流勇退，保全自身，並相信自己能夠掌控未來，雖然身遭貶謫，但他依然能保持一份冷靜與從容，在聽到貓頭鷹的叫聲後，非但沒有聯想到自己遭遇，反而要把它當成吉祥的聲音來聽。如果我們像韋斌一樣，一遇到事情，就喜歡往壞處想，結果只能給自己帶來無盡的煩惱。

趙匡胤杯酒釋兵權

　　趙匡胤原是統帥後周禁軍的殿前都點檢[144]，他智謀非凡，腹隱大志，趁著周世宗駕崩、新君年幼無知的有利時機，發動陳橋兵變，黃袍加身，代周稱帝，建立了北宋王朝，定都開封[145]，史稱宋太祖。

　　宋太祖當皇帝不到一年，就有兩個節度使公然反叛，起兵攻打北宋。宋太宗御駕親征，費了九牛二虎之力，終於平定了叛亂，凱旋回師。但從此，這件事就成了宋太宗一塊心病，他擔心手下握有兵權的將領會隨時反叛朝廷。

　　一次，早朝散後，他特意留下大臣趙普，問他說：「從唐末至今，數十年來，中原不斷改朝換代，前後出了八姓十三位皇帝。戰火至今不斷，朕願意息兵安民，建造太平盛世，你以為如何能做到？」趙普答道：「依臣愚見，國家混亂，政權不斷更迭，這是因為君弱臣強，藩鎮手握重兵，權利太大，不服從朝廷號令。如果能撤銷藩鎮的兵權，天下自然就能安定下來。」宋太宗連連點頭，讚賞趙普說到了重點。這時，趙普沉吟一番，又對宋太宗說：「禁軍將領石守信、王審琦兩人，手握重兵，難以駕馭，還是盡快收回他們的兵權為

144　都點檢：官名。五代後唐時，每逢皇帝巡行和出征，置大內都點檢。後周世宗整頓軍隊，選武藝超絕士兵為禁衛軍，稱殿前諸班，置殿前都點檢為最高指揮官。

145　開封：今河南開封市。

好。」宋太宗說：「你多慮了，這兩人為朕出生入死，忠心不二，不會背叛我的。」趙普說：「臣從來沒有懷疑過他們對陛下的忠心。據臣私下觀察，這兩人有勇無謀，沒有駕馭部下的才能。臣擔心有一天，下面的人想立擁戴的不世之功，公然反叛，硬把他們推上皇位，到時只怕他們身不由己，不得不上賊船啊！」宋太宗恍然大悟，忙說：「多虧你提醒，朕一定慎重對待此事。」

　　第二天，宋太宗在宮中宴請石守信、王審琦等幾位心腹將領。酒過三巡，宋太宗屏退左右，動情地對諸位將領說：「當初，若是沒有你們鼎力相助，朕絕對當不了皇帝。可是，你們哪裡知道，朕受禪登基後，才發現當皇帝還不如做個節度使逍遙自在。朕每天都有很多煩心的事情，很久都沒好好睡過覺了。」石守信等人聽後，十分詫異，忙詢問緣由。宋太宗微微一笑說：「你們說，這皇帝的寶座，誰不想坐呢？」石守信等人聽出話音了，一齊伏地叩首道：「陛下何出此言？眼下我朝定鼎，四海統一，君臣名分已定，何人還敢生異心？」宋太祖搖頭說：「朕相信諸位對朕忠心耿耿，但倘若你們部下，有人貪圖富貴，將黃袍強加你們身上，你們雖然不願意，但也是騎虎難下了。」

　　石守信等人聽到這裡，嚇得魂不附體，感到大禍臨頭，哭著說：「臣等愚昧無知，沒有想到這點，請陛下垂憐，為

我們指一條生路。」宋太祖見他們這般模樣，心中暗喜，表面卻一本正經地說：「諸位快快請起，朕說個辦法，你們看行不行。」石守信等人遵旨起來，卻不敢再坐，恭恭敬敬地站在殿上，宋太祖說：「人生如白駒過隙，眨眼間就要面臨死亡。總共也沒有多少壽數，所以人生樂趣，無非就是博取富貴，多積財物，庇蔭子孫，不讓他們受苦。朕替你們著想，不如交出兵權，到地方上做個一官半職，購置房產田地，多買奴僕歌女，每天飲酒作樂，頤養天年。朕願意與你們結成親家，世代親睦，彼此毫無猜忌，豈不是一條上策？」石守信等人聽後，轉憂為喜，齊聲說：「感謝陛下為臣等著想，我們感激不盡。」酒席一散，大家各自回家。次日，上朝的時候，每人上奏稱疾，請求交出兵權。宋太祖一一准奏，收回他們的兵權，讓他們到各地做節度使。

過了幾年，有幾個節度使入都朝見，宋太祖設宴相待。在酒宴上，宋太祖對他們說：「你們都是國家的功臣，你看你們整天忙於藩鎮事務都消瘦了，真叫朕不忍心啊！」有個心思靈動的節度使馬上出面說：「臣本來就沒什麼功勞，現在又年老體衰，希望陛下能准許臣告老還鄉。」有個不識好歹的節度使，絮絮叨叨訴說昔日戰功。宋太祖聽後，心中不悅，冷笑著說：「這都過去的事了，不值得一提了。」第二天，宋太祖便下令，解除了這些節度使的兵權。

宋太祖剝奪地方將領的兵權後，集軍政大權於一身，沒有皇帝的命令，誰也不能擅自調動軍隊。在宋太祖一系列的舉措下，北宋王朝逐漸穩定下來。

【故紙揮塵】

　　自古以來，如何安置開國功臣成了皇帝最大的難題。宋太祖透過威逼利誘，順理成章地解除了功臣們的兵權，並賜給他們大量土地和錢財，使其沒有怨恨之心。宋太祖的杯酒釋兵權，展現出他高超的領導藝術。俗話說：「距離產生美。」與領導者一起創業的同僚，由於一起經歷了多年的風雨，便難以對扶搖直上的領導者產生敬畏。這必然會觸犯領導者的權威，領導者必然會疏遠甚至打壓一起創業的同僚。由此可見，在於人際交往過程中，都要尊重對方，只有在尊重的基礎上，才能收穫一份友誼。

＝道不同賢臣不相容 ＝＝＝＝＝＝＝

　　王安石，字介甫，號半山，臨川 [146] 人。他與司馬光都是北宋赫赫有名的才子，兩人年輕的時候在同一個機構擔任同樣的職位。兩人感情甚篤，互相欽慕，常常在一起切磋詩文。

　　後來，王安石為了使北宋強大起來，決心變法圖強，實施新政，但司馬光認為王安石的新政漏洞百出，不符合民情，堅決反對。時間一長，這對擁有深厚友誼的老朋友便有了隔閡，關係再也不像以前那麼親近了。兩位飽讀詩書的賢者，開始了無休止的爭鬥。

　　有一年，洛陽的牡丹花盛開，芳香撲鼻，格外誘人。包拯在涼亭中宴請僚屬，飲酒賞花，氣氛十分熱烈。酒過三巡，包拯略有酒意，興致愈濃，便起身敬酒，在座官吏整天周旋於酒場，自然是來者不拒，只有王安石和司馬光不善飲，等敬到司馬光時，司馬光自然不能違拗包拯的一番心意，只得皺著眉頭，將酒喝光。等敬到王安石，王安石以身體不適為由，執意不肯喝，弄得包拯舉杯呆站在那，十分尷尬。司馬光見王安石有些得意地看著自己，大有被人小看的感覺，於是開始責罵王安石。王安石不甘示弱，當即以惡語回擊司馬光。兩人就這樣互相對罵起來，後來在同僚的勸說下，兩人才作罷，酒宴不歡而散。從此，兩人的積怨越來越

146　臨川：今江西省撫州市臨川區。

深，王安石也因此得了個「拗相公」稱號，而司馬光也顛覆了人們往日對他為人忠厚、誠懇的形象，認為他過於狹隘不能容忍，以至於蘇軾對他都有些不滿，甚至給他取了個綽號叫「司馬牛」。

王安石性格偏執，又十分自信，根本沒把司馬光放在眼裡，兩人的衝突愈演愈烈，不論因公還是為私，他們一見面就開始爭吵。司馬光性格耿直，下定決心一定要把王安石搞垮，他曾多次上疏[147]彈劾王安石，直至把王安石拉下馬，司馬光才肯甘休。而他們年輕時抱定使國家富強、百姓富足的理想，最終也沒能實現。

到了晚年，也許是行將就木的心理，人的心境會平和很多，也會看透很多事情，王安石和司馬光開始悔恨年輕時的所作所為。王安石曾對家人說：「我以前有很多知心朋友，但都被我得罪光了，其實司馬光是一個值得尊重的長者。」司馬光也誇讚王安石文才絕世，品德高尚，新政的實施，利大於弊。

晚年的王安石和司馬光雖然冰釋前嫌，重歸於好，但人生用來做事業的美好時光，已經悄然逝去，當時，他們沒能精誠合作，為民謀福，自然會留下無數遺憾，也令後人為之嘆息。

147　上疏：是在朝官員專門上奏皇帝的一種文書形式。

【故紙揮塵】

> 　　俗話說：「一個籬笆三個樁，一個好漢三個幫。」
> 這個世界上有濟世之才的人本來就不多，應該想著攜手
> 共進，為社會謀求福利。不能因為性格的不同，思想上
> 的差異，甚至一些小過節而反目成仇，互相拆臺。正所
> 謂：「兩虎相爭，必有一傷。」如果人與人之間不懂得
> 合作，或者拒絕與別人合作，那麼結果將是諸事不順。
> 所以，要想獲得成功，就必須要有與人合作的團隊精
> 神，這樣才能發揮團隊的優勢，獲得成功。

＝扶新君呂端不糊塗＝

　　呂端出生於官宦家庭，自幼聰明好學，長大後，丰姿出
眾，學識淵博。歷任兩朝宰相，輔佐宋太宗、宋真宗做出了
不少政績。

　　呂端老成穩重，辦事幹練，深得宋太宗的信任。當時，
朝中還有一位名臣寇準，才華橫溢，能力出眾，名動朝野。
呂端擔心自己當了宰相，會引起寇準的不滿，萬一做出什
麼超出常規的事情，於朝廷不利。就上奏請求宋太宗讓參
政知事[148]的寇準與他輪流掌印，共同議事。宋太宗同意了他

148　參政知事：即副宰相。

的請求，寇準心裡這才平衡了許多。沒過多久，宋太宗下詔說：「朝中大小事務，先交給呂端處理，然後再由呂端上報給我。」宋太宗是想重用呂端，給了他至高無上的權利，但呂端遇事照舊找寇準商議，從不獨斷專行。後來，呂端又主動提出，將相位讓給寇準，自己做參政知事。在世人看來，呂端這種不注重名利、顧全大局的做法，自然是「糊塗」之舉。

　　一年，掌管全國軍事的大臣李惟清，被宋太宗改任為御史中丞[149]，雖然是平調，但這卻意味著李惟清手中的軍權被剝奪。為此，李惟清憤憤不平，認為呂端從中作梗，發誓要報復呂端。一次，呂端生病在家調理，李惟清趁呂端不在朝中，四處羅織呂端的罪狀，向宋太宗高發。一石激起千層浪，朝中大臣議論紛紛，有替呂端說好話的，也有不明真相，指責呂端的。呂端聽說這件事情後，卻不以為然，既沒向宋太宗澄清事實，也沒和李惟清計較，而是平靜地說：「我為官多年，廉潔奉公，從來沒做過對不起別人的事，難道我會怕一些流言嗎？」呂端這種不拘小節的心態，也被被人認為是「糊塗」。

　　西元九九七年，宋太宗臥病在床，病勢日見沉重。呂端和太子趙恆每日入宮問疾。當時得寵的大宦官王繼恩擔心太子繼位後，會第一個廢黜自己，便暗中勾結參知政事李昌

149　御史中丞：官名。負責監察百官。

齡、殿前都指揮使[150]李繼勳、知制誥[151]胡旦等人，企圖擁立宋太宗的長子趙元佐為皇帝，並得到了宋太宗的夫人李皇后的大力支持。等宋太宗駕崩後，李皇后馬上命王繼恩召見呂端，準備逼迫他同意讓趙元佐當皇帝。其實，呂端對他們的陰謀一清二楚，現在聽到李皇后召他入宮，料想宮中必有變故，當機立斷，將王繼恩囚禁起來，自己入宮覲見李皇后。李皇后對呂端說：「皇上駕崩，擁立皇長子為帝，是符合常規的。你要看清形勢。」呂端當即就頂了回去：「先帝生前立了太子，就是為了應對今天的形勢。現在先帝剛剛去世，您怎麼能不遵循他的意願呢？」李皇后無言以對。

　　呂端馬上宣讀宋太宗的遺詔，率領百官擁立太子趙恆繼位，即宋真宗。宋真宗登基後，坐在大殿上，垂簾接受百官的朝拜。呂端站在殿下，卻不肯下跪，要求侍從捲起簾子，走到殿前，確認御座上是宋真宗後，才退到殿下，率領群臣叩首跪拜。接著，呂端又讓宋真宗將那幾個謀反的臣子流放到外地，徹底平息了這場宮中政變，確保了大宋江山的穩固。

150　殿前都指揮使：官名。掌管御林軍。
151　知制誥：官名。管草擬詔書。

【故紙揮塵】

　　功名利祿是世人最渴望得到的東西，始終不肯放下，而呂端對此十分淡漠，甚至覺得可有可無。也正是如此，才給世人留下了「糊塗」的印象。呂端雖然在小事上表現得很糊塗，但在大事上他卻能掌握方向，絕不糊塗，堅決尊奉宋太宗的遺命，擁立趙恆為帝。呂端經歷兩代帝王，在多年的宦海沉浮中，幾乎是一帆風順，沒遇到過什麼挫折。這與他大事不糊塗，小事糊塗了事的心態有很大關係。對於現代人來說，遇到一些小事，不妨「糊塗」而過，不必記掛在心，這樣才能過得輕鬆、灑脫。

＝ 遭猜忌脫脫歸太虛 ＝

　　脫脫是蒙古族人，家族顯赫，世代在元朝為官。脫脫的叔父伯顏是元朝大臣，在他的庇蔭下，脫脫在十五歲那年就擔任了太子的侍衛，此後，他扶搖直上，很快就當上了御史大夫。

　　脫脫是在伯顏的撫養下長大的，所以，他是脫脫的再生父母，給了他想要的一切。但脫脫看到伯顏在朝中為非作歹，殘害忠良，知道伯顏遲早有一天會招來殺身之禍，所以有意與他保持距離，以免惹禍上身。

　　脫脫自幼師從吳直方，吳直方學識淵博，頗有謀略，師徒二人氣誼相投，感情非同一般。脫脫發跡後，把吳直方接到家中居住，充當自己的幕僚。脫脫問吳直方說：「伯顏喪盡天良，無惡不作，如果再這麼繼續下去，我大元江山就要葬送他手裡了。恩師，我是否應該把他趕下臺？」吳直方慨然道：「正所謂大義滅親。伯顏雖然對你有恩，但是應該為國盡忠，不要顧慮親戚關係。」脫脫恍然大悟，拜謝道：「感謝恩師指點！」當即辭別而出，入宮向元順帝控告伯顏的罪狀。

　　元順帝是伯顏擁立的，因此，伯顏一直以功臣自居，對元順帝全無君臣之禮，元順帝也是敢怒不敢言。現在聽脫脫說欲除掉伯顏，十分高興，兩人一拍即合，開始準備扳倒伯顏。

　　伯顏知道元順帝對自己不滿，也在想辦法應對。一天，伯顏上奏，邀請元順帝與自己一起出城打獵。元順帝一看奏章，知道伯顏欲害自己，忙召入脫脫，商量應對之策。脫脫看過奏章後，對元順帝說：「陛下萬萬不可出宮打獵，請將原奏留中不發為是。」元順帝說：「朕本意也是如此，只是朕不知如何拒絕。」話音未落，宦官又入殿稟道：「陛下，伯顏在宮外催請您出獵。」元順帝對脫脫說：「這該怎麼辦，他又來催朕了。」

　　脫脫說：「陛下不妨託疾，命太子代行，便能確保無虞。」伯顏見元順帝沒上當，但太子卻來了，覺得應該沒出

什麼差錯。他原來打算挾持太子，廢掉元順帝，既然太子先來了，就準備提前行動。伯顏謀劃得雖然完美，但百密一疏，他們剛剛出城，脫脫就帶兵將都城大都[152]裡面伯顏的心腹全部抓了起來。之後，又設計奪回太子，伯顏失去了唯一的籌碼，只能束手就擒，被革去官職，趕出了大都。

脫脫在剷除伯顏的行動中立了大功，元順帝自此收回朝政大權，非常高興，便任命脫脫為丞相。脫脫上任後，大刀闊斧地進行了改革，廢除了伯顏當政期間制定的所有法令。這一舉措得到了百姓的認可和擁護。

伯顏非常討厭讀書人，覺得他們酸腐無知，於是，他上臺的第一件事情，就是徹底廢除了科舉制度。因此，很多讀書人沒有機會步入仕途，對朝廷產生了不滿的情緒。脫脫為了得到漢族知識分子的支援，下令恢復了科舉考試。除此之外，脫脫還為那些曾被伯顏冤枉至死的人平反，得到了大臣們的支持。

伯顏是個民族主義者，他極其不信任漢人，擔心他們隨時會造反，所以他規定漢人不准養馬和收藏兵器，不准與蒙古人發生衝突。所以，在伯顏當政期間，民族衝突日益尖銳。脫脫採取了比較溫和的政策，給了漢人一些特權和優待，這才稍微挽回一些民心。伯顏生性貪婪，他嫌別人送給

152　大都：今北京市。

他的錢財不夠多，便巧立名目，壓榨百姓的血汗錢，因此有的百姓連飯都沒得吃，只好沿街乞討。脫脫下令免除百姓拖欠賦稅，百姓這才得以休養生息。脫脫還主持編寫了宋、遼、金三國國史，為中國史學作出了巨大貢獻。

不久，脫脫因病辭去了官職，奸臣哈麻趁隙而入，透過各種手段騙取了元順帝的信任，並掌握大權，把朝政弄得烏煙瘴氣。

幾年後，黃河發生水患，脫脫為了天下黎民百姓，主動上奏，要求再次出任宰相。脫脫徵發了七十萬軍民根治水患，由於操之過急，在治河的過程中出現了很多暴政和弊端，激起了治河軍民的不滿，引發了紅巾軍起義。脫脫便調集軍隊征討起義軍，起義軍多數為遊兵散勇，毫無軍紀，因此很快就被脫脫打敗了。之後，張士誠也起兵與元朝對抗，脫脫率領大軍出征，幾次大敗張士誠，眼看就要徹底將其一舉殲滅時，朝中發生了變故。原來，哈麻進讒說脫脫擁兵自重，有造反之心，昏庸的元順帝開始猜忌脫脫，擔心他成為第二個伯顏，於是下令收回脫脫的兵權。

脫脫接到命令後，長嘆一聲，只能獨自返回大都。脫脫一走，元朝百萬軍隊因失去核心力量，很快就逃散了。不久，哈麻假傳詔書，毒死了脫脫，年僅四十二歲。

【故紙揮塵】

　　伯顏的擅權亂政，讓本來疑心很重的元順帝變得更加杯弓蛇影，在毫無根據的情況下，聽信哈麻的讒言，剝奪了脫脫的兵權，致使元朝軍隊潰散，因而加速了元朝的滅亡。人性中最讓人痛苦的莫過於猜疑。這是害人害己的禍根。愛情中、生活中、交易中哪裡有猜疑這個「鬼魅」出現，哪裡就有痛苦和糾纏。其實，誰又願意去故意傷害別人呢？所謂的被傷害都是自己的遐想和猜疑，倘若把心態放寬去看待這些事情就會發現，每個人都希望心存善念度過美好的每一天。

第五章　啟智棄愚篇

晉平公聽琴招災禍

　　師曠，字子野，春秋時期著名的樂師。師曠博學多才，有極高的藝術造詣，以「師曠之聰」聞名於後世。師曠自幼就酷愛音樂，相傳在學習琴藝時，苦於自己好動不能專心，遂用艾葉[153]熏瞎了眼睛，因而專心學習音樂，盡得其妙，名動天下。後入晉國為官，掌管音樂，深得晉平公的信任。

　　一次，衛國國君衛靈公受晉平公之邀，出訪晉國。行至濮水[154]邊上時，天色已晚，難辨路徑，只好住在一家驛站裡。衛靈公夜不能寐，輾轉反側，隱約聽到一陣悠揚的琴聲，馬上披衣坐起，傾耳細聽，琴聲雖微，但依稀可辨，他從來沒聽過樂師演奏過類似的曲調，遂問左右是否聽到琴聲，但意外的是，眾多侍衛紛紛搖頭表示沒聽到什麼琴聲。衛靈公平生喜愛音樂，他手下有個叫師涓的樂師，琴藝精湛，擅制新曲，衛靈公深愛其才，每次出行必讓他相隨。他命人召來師涓說：「寡人剛剛聽到有人彈琴，琴聲絕妙無比，我要你聽了寫下來，譜成曲，然後彈給我聽。」

　　師涓說：「臣遵命！」遂留在衛靈公房中，側耳靜聽。夜半時分，琴聲再次響起，師涓忙提筆記錄，又援琴練習了一夜。次日，師涓便將樂曲彈給衛靈公聽，衛靈公沉浸其中，

153　艾葉：草藥名。
154　濮水：今安徽西北部茨河上游。

良久醒悟，大喜道：「果然和我昨天聽到的琴聲一模一樣！」

到了晉國，寒暄已畢，晉平公大擺筵席，為衛靈公接風洗塵。酒過三巡，菜過五味，衛靈公對晉平公說：「素聞晉國師曠，手下音樂舉世無雙，可寡人亦有師涓，不知您是否願意聽他彈琴呢？」晉平公答應了。師涓得令，馬上取出一把古琴，理好琴弦，拂指而彈，琴聲剛剛響起，晉平公便撫掌稱好。

師涓剛彈到一半，坐在他身邊的師曠突然起身，喝道：「快停手！這是亡國之音，千萬不能再彈下去了！」晉平公正沉浸其中，忽然聽得這一聲斷喝，心生不悅，問道：「此曲美妙無比，你怎麼能說是亡國之音呢？」

師曠說道：「殷商末年，宮廷樂師師延為紂王作了這首『靡靡之樂』，紂王聽後，整日沉溺於酒色，荒廢國政。待武王伐紂，滅了商朝，師延抱琴東逃，投濮水自殺。此後凡有精通音樂之人經過，此曲便從濮水而出，師涓一定是從濮水上聽到此曲的。」

晉平公卻滿不在乎地說：「此曲乃前人所作，難道後人就不能演奏嗎？寡人一生愛聽琴，還是請師涓為寡人把曲子彈完吧！」師涓只好重調七弦，拂指而彈，琴聲如怨如慕，如泣如訴。晉平公龍顏大悅，問師曠道：「這是寡人聽過最好的曲子了，還有更好聽的嗎？」師曠說：「有是有，但必須是仁

德之君才有資格聽此曲，大王仁德不夠，所以不能聽。」晉
平公說：「寡人平生最大的喜好便是聽琴，你就滿足寡人的
願望吧。」師曠不得已，取琴而彈，奏第一遍，有玄鶴數十
隻，自南而來，飛集宮門之前；第二遍，玄鶴伸頸而鳴，舒
展雙翼，隨著琴聲翩翩起舞。晉平公大悅，撫掌叫好，在座
賓客無不咋舌稱奇。

　　晉平公親自為師曠斟酒，師曠接而飲之。晉平公問道：
「還有比這更動人的曲子嗎？」師曠答道：「有。昔日黃帝和
蚩尤相聚，作的曲子比這更動人，只是您的德義不如黃帝，
所以不能聽，聽了恐怕會給晉國帶來災難。」

　　晉平公說：「寡人已是垂暮之人，一生除了愛聽琴，再無
其他喜好，你就滿足寡人的願望吧！」師曠無奈，只得援琴
而彈。奏第一遍，白雲從西方雲集；奏第二遍，狂風暴雨驟
起，鋪天蓋地而來，屋瓦亂飛，左右之人驚恐奔逃，晉平公
驚懼萬分，與衛靈公躲在廊室之中。良久，風雨逐漸停止，
左右侍從這才聚集起來，攙扶著二君而去。

　　很快，師曠要發生災禍的預言很快得到了應驗。晉國連
旱三年，農作物顆粒無收，百姓四處流亡乞討，晉平公也身
患重病，差點命歸西天。

【故紙揮塵】

　　音樂可以促動血液，交流精神，調節心緒，修正品格和端正人心，但它不是一種用來享受的歡娛，也不是快意一時的恣意妄為。所以，古代賢明帝王教化民眾，端正自己都是從音樂開始的。好的音樂不僅能使人感動，更能激起改變自己的意願。就像耳中只聽積極向上的樂聲，舉手投足都合乎禮儀的標準，口中只談仁義和美德，這樣終日言談，一些邪惡的東西也就沒有機會侵入。

失荊州關羽又喪命

　　赤壁之戰後，曹操元氣大傷。劉備趁機占據荊州[155]後，又親自率軍奪取巴蜀[156]，孫權也在東吳站穩了腳跟，自此以後，魏、蜀、吳三國鼎立的局面形成。

　　為了保證萬無一失，劉備特意讓關羽留守荊州。由於荊州是戰略要地，所以成為曹操、劉備、孫權三方爭奪的焦點所在。關羽鎮守荊州期間，防守嚴密，戒備森嚴，若有絲毫風吹草動即刻通報。關羽還十分注意籠絡人心，積極安撫百

155　荊州：今湖北荊州市。
156　巴蜀：先秦時期地區名和地方政權名，在今重慶和四川境內。

姓，與百姓秋毫無犯，深得荊州百姓的擁護。

　　鎮守荊州前線的東吳大將魯肅病死後，呂蒙接替了他的職位，改變了魯肅與項羽的結好的政策，一心想攻取荊州。於是呂蒙給孫權寫信獻計說：「關羽率軍攻打樊城時，仍然留下重兵鎮守荊州，無非是擔心我們會襲擊他的後方。我身體不好，經常有病，請您以我養病為名，將我召回建業[157]，另派他人接替我的職位。這樣一來，關羽就會放鬆警惕，會將留在荊州的兵力調往樊城，那時，我們就能趁虛而入，一舉拿下荊州。」孫權覺得項羽自恃武藝高強，目中無人，狂妄自大。孫權曾遣使者向關羽求親，希望關羽能把女兒嫁給他的兒子，關羽不但不肯許婚，反而把東吳使者罵了一頓。孫權為此事十分恨關羽，現在聽了呂蒙的計策，決心除掉關羽。

　　這時，曹操派使者來見孫權，希望能與他聯手，前後夾擊關羽。孫權正擔心自己不是關羽的對手，現在若是能與曹操聯手，一定可以輕而易舉擊敗羽，於是就答應曹操，自己會襲擊關羽的後方。同時，孫權公開發布命令，將呂蒙調回來養病，另派陸遜去接替呂蒙。很快，關羽就知道了這個消息，十分高興地說：「我唯一的對手呂蒙現在生病了，而接替他的陸遜不過是個多讀了幾本書的書生，不足為慮。」

157　建業：今江蘇南京市。

陸遜上任沒幾天，就派使者送很多禮物和書信給關羽。信的大致意思是，關將軍在樊城水淹七軍，斬殺曹操大將龐德、俘虜了于禁，威震天下，天下人都十分仰慕將軍的神威。這次曹軍被將軍打得大敗，我們也為此感到十分高興。我是一介書生，不懂用兵之道，今後還得請將軍多多關照。關羽看完信後，十分高興，認為陸遜為人謙和，沒有什麼謀略，便大放其心，馬上將荊州守軍全部調出，全力攻打樊城。陸遜見關羽已經中計，暗中派人通知曹操，相約同時起兵夾擊關羽。孫權覺得奪取荊州的時機已經成熟，便令呂蒙率軍偷襲荊州。呂蒙將軍隊埋伏在戰艦內，扮作商船，日夜兼程，一舉攻克下荊州。

荊州失守，使關羽一下陷入被動境地，只能敗走麥城[158]，暫且棲身。關羽固守麥城，勢窮援絕，又有吳兵圍城，眼見城中糧食斷絕，關羽趁夜出城，向西奔逃，他的隨從也只剩十餘人了。行至一條小路時，伏兵驟起，將關羽團團圍住，關羽無心戀戰，奪路急逃，沒想到前面雜草叢生，再加上天黑，關羽沒看清道路，一腳踏空，跌入一個大坑內，被一擁而上的吳兵生擒。

孫權想讓關羽投降，但關羽是忠肝義膽的丈夫，堅決不肯投降，最後被殺身亡。

158　麥城：在今湖北省當陽市區東南二十一公里的沮水西岸。

【故紙揮塵】

關羽武藝高強，有萬夫莫當之勇，但最終卻不得善終，一個很重要的原因就是他過於狂妄自大。在以往的征戰中，關羽從無敗績，這在無形中助長了他的氣焰，結果中了呂蒙的計。一個有才能的人，贏得別人的尊重是無可厚非，但不能因此變得目中無人，因為「三人行必有我師焉」。謙虛和謹慎是成功之本，只有做到謙虛謹慎，才能發現自己與別人的差距，做到日省三身，不斷用知識充實自己，這樣才能不被時代所淘汰。

苦讀書呂蒙驚魯肅

在一千八百多年前的三國時期，吳國有一位叫呂蒙的大將，他自幼跟隨孫氏兄弟征戰四方，立下汗馬功勞。

最開始的時候呂蒙依附姐夫鄧當，鄧當在孫策手下為將，討伐山賊。有一次呂蒙偷偷地混在隊伍中跟著姐夫出去打山賊，姐夫在人群之中看到他時十分震驚，喝斥他讓他退下去，他不聽。回到家後，姐夫把這事告訴了呂蒙的媽媽，媽媽也很生氣，想教訓教訓呂蒙，呂蒙向媽媽解釋說：「家裡這麼困難，如果去打仗立了功，就可以過上好的生活了。不進入虎穴冒險，怎麼抓得住小老虎？」媽媽聽了之後也就沒

有再責怪他了，這時候的呂蒙只有十五六歲。

　　後來姐夫死後，呂蒙在張昭的舉薦下接替了姐夫的職位。孫權當權的時候，想把人少的部隊合併，呂蒙私底下賒帳抵押，為士兵們更換了一身漂亮的軍裝，等到裁軍那天，呂蒙的部隊在所有隊伍之中十分搶眼，行動起來也十分的有紀律，孫權見了十分高興，不但沒有裁掉他的隊伍，反而增加了兵力給他。

　　此後呂蒙在孫權手下多有建功，孫權也很欣賞他，有一天孫權對他說：「你長年在外帶兵打仗，身為一個統領，應當讀點書，增長點見識。」

　　呂蒙說：「在軍中要忙很多事，只怕是沒有時間看書。」

　　孫權說：「我又不是讓你讀書去考博士，只願你多看點書，吸取往事的經驗教訓。你說你忙，難道比我還忙嗎？我小時候讀過《詩經》、《尚書》、《左傳》、《國語》，就差沒讀《易經》了。自從我掌權以來，回顧過去看的史書和兵書，覺得很有幫助。像你這樣悟性好的人，一定會學有所成的，你怎麼可以不去讀書呢？你應該先讀《孫子兵法》、《六韜》、《左傳》、《國語》以及三史 [159]。孔子曾經說過：不吃不睡的思考問題也沒有益處，不如讀書。光武帝劉秀在行軍打仗時也是手不離書，曹操也說過越老越要學習，你為什麼不

159　三史：指《史記》、《漢書》、《後漢書》。

努力學習呢？」

　　呂蒙聽了主公這番勸說後，開始發憤讀書，他所涉獵的範圍一般的讀書人都比不上。後來魯肅和他討論軍旅之事，呂蒙對答如流，不僅如此，談論到國家大事時，呂蒙也提出了自己獨到的見解，魯肅還常常被他說得理屈詞窮，這讓魯肅十分驚訝，拍著呂蒙的背說：「我從前只認為兄弟你有帶兵的才能，今天才知道你學識淵博，早就不是吳下那個阿蒙了。」

　　呂蒙笑著說：「我聽說讀書人過段時間後再相遇時，就應該換一種眼光來看待他，老兄你知道這個道理未免也太晚了吧！」

【故紙揮塵】

　　呂蒙原本是一介武夫，雖然膽識過人，但是在名士雲集的孫吳集團當中還是顯得很渺小，在受到主公孫權的教育之後能夠折節讀書，確實是有過覺悟和決心。呂蒙不因為自己打仗有功而看不起讀書這件事，真正做到了文武雙修，之後又大破關羽，為孫吳集團立下了不世之功。生活之中，我們也不能因為自己取得過一些小成績就自我滿足，應該向呂蒙一樣向更深更廣的領域探索，在書本之中汲取有用的智慧。對於那些肯於進取的

人，不能用舊時眼光來看待，要知道，人與人之間是相互促進、相互成全的。

馮異為將謙退不伐

　　天氣稍好的時候，人們能看到太陽底下遠處的青山坳和零零散散的村落，霧霾在大風中散盡，炊煙在晴空裡飄蕩，馮異[160]坐在大柳樹下抱著劍休息，不遠處一幫穿盔帶甲的漢子在大聲地討論著，不時拔出兵器來指天畫地，鎧甲隨之一陣陣抖動，唾沫都飛到了鬍鬚上。

　　馮異轉過臉去，眯著眼抬頭看天，順手扯下身邊一根小草放進嘴裡叼著，屈指算算，從家鄉潁州父城[161]出來已有多時，原本是替王莽[162]守父城，卻跟隨劉秀[163]征戰四方，命運真是個難以捉摸的東西。此時也不知道家中是否一切安好，等仗打完了就回家看看。

　　馮異想起第一次見到劉秀的情景，那時王莽篡漢建立新朝，實行新政，引起天下動盪，一時群雄並起，豪強紛爭，

160　馮異：字公孫，東漢的開國大臣，文武雙全，深得劉秀信任，曾為劉秀平定關中立下汗馬功勞，為人謙退，從不邀功，後病死軍中。
161　父城：在今河南省寶豐縣李莊鄉古城村，兩漢名臣張良、馮異的出生地。
162　王莽：西漢末年外戚，篡漢自立，頒布新政緩解社會衝突，事與願違，在位十五年。。
163　劉秀：東漢開國皇帝，在位三十三年，史上著名的軍事家、政治家。西漢末年從一介布衣到君臨天下，劉秀透過自我的不懈奮鬥結束了九州大地自王莽篡漢以來軍閥割據的混亂格局，開創了一個儒學興盛、風氣良好的新朝代。

劉秀帶領著部隊攻打自己守衛的父城，自己出城巡察時候不慎被劉秀的士兵給抓住了，被綁著去見劉秀，差點被當做奸細死在劉秀手裡，情形窘迫至極，時間一晃，自己都成為了劉秀手下的將軍，手裡領著劉秀給的兵馬，走在建功立業的道路上。

休息沒多久，那頭又響起行軍的號令，馮異整了整衣服，從樹下走出，進了隊伍之中，他常常端坐在大樹下的舉動為他博得了一個「大樹將軍」的封號。路上一位將軍的車馬開過，馮異退到路邊，車馬上的將軍向他問好，馮異拱手相迎。部隊開拔後，馮異的部下聚攏在他身後，十分安靜，在大部隊裡顯得格外有紀律。

這一次行軍的目的地是邯鄲，目的是擊殺在邯鄲稱帝的王朗，平定河北。為了不被官道的敵軍發現行蹤，劉秀特意挑一條遠離都邑的行軍路線，部隊在饒陽無蔞亭這個地方補給跟不上，時值寒冬，北風肆虐，眾將士又飢又渴，老大劉秀都沒飯吃，馮異去附近的村子討來一碗熱氣騰騰豆粥奉給劉秀，劉秀十分感激。

邯鄲在將士的努力之下被攻破，馮異率部大破王朗，立下很大的功勞，被封為應侯。打掃過戰場後，馮異又找了棵大樹坐下，那些帶甲的漢子又在爭論功勞，聲音隨著風聲傳人馮異的耳朵，馮異仰了仰脖子，順手扯下一根草放進嘴裡叼著，開始閉目養神。

　　馮異謙讓和不爭功勞的精神使他得到其他將士的尊重和禮遇，稍後劉秀重新安排作戰任務，整編軍隊，在分配士卒時，大多數人都說願意跟隨大樹將軍，劉秀由此對馮異更加賞識和器重。若干年後，劉秀的兒子漢明帝追念為父皇征戰天下的功臣，特命人繪二十八位功臣的畫像置於洛陽南宮的雲臺，人稱雲臺二十八將，馮異名列前茅。

【故紙揮塵】

　　馮異精通《左氏春秋》和《孫子兵法》，帶兵打仗既有謀略又十分勇敢，他的部隊進退有序、令行禁止，富有戰鬥力，在他的帶領下常打勝仗。他治理郡縣也頗有政績，在關中時，百姓多依附他，短短三年就使得關中重新繁榮起來，史書上多次提到他謹慎謙讓的事蹟，馮異不爭功勞、不自傲，大樹將軍的名號流傳千古。身為下屬，馮異手握重兵，鎮守咽喉之地，若非劉秀是賢德之君，馮異早就身首異處；另一方面，馮異不居功自傲，鞠躬盡瘁，終保一世榮華。曾經有小人誣告馮異，劉秀反而把誣告信拿給馮異看，君臣二人同心，譜寫了一段佳話。我們在生活中不僅要提防小人，也要提防自己，自傲之心會比小人帶來的災禍更大，低調做人有時可以避免不必要的災禍。

平叛亂景帝殺晁錯

　　西漢時期，各地諸侯國不服朝廷的號令，擁兵自重，儼然不把皇帝放在眼裡。特別是吳王劉濞（ㄆㄧˋ），飛揚跋扈，在自己的封地上私鑄銅錢，煮海造鹽，富有無比，再這樣下去，劉濞必會起兵造反，到時候，西漢王朝就岌岌可危了。這個時候，晁錯出現了。

　　晁錯，穎川[164]人，學識淵博，文章蓋世，後來被漢文帝看中，任命他為太子舍人[165]。晁錯眼見各地諸侯國對朝廷有不臣之意，十分著急，經常對太子提及削弱諸侯國的事，太子覺得晁錯一心為國，是個難得的忠臣，稱他為「智囊」。晁錯還向漢文帝提出削弱諸侯國的具體方針，漢文帝卻不予理睬。由於太子十分倚重晁錯，所以引起了袁盎等功臣對晁錯的不滿。

　　漢文帝死後，太子繼位，即漢景帝。漢景帝繼位後，任命晁錯為內史[166]，從此，晁錯成為漢景帝最寵信的大臣。晁錯的得寵又引起了丞相申屠嘉的不滿，他一直想扳倒晁錯，但苦於沒有機會，只能耐心等待，伺機而動。

　　內史衙門坐落在太上廟周圍的空地上，門在東邊，進出

164　穎川：今河南省禹州市。
165　太子舍人：東宮屬官。亦簡稱太子中舍、中舍人、中舍。掌東宮文翰，侍從規諫太子，糾正違闕，儐相威儀。
166　內史：官名。秦官掌治理京師。漢景帝分置左右內史。

很不方便。晁錯便讓工匠鑿穿太上廟南邊的圍牆，修了兩個門。申屠嘉聽說後，想以此為由告發晁錯，好殺了他。晁錯很快就收到了消息，他馬上入宮去覲見，把此事告訴了漢景帝。次日，漢景帝便收到了申屠嘉彈劾晁錯的奏章，他有心包庇晁錯，便對申屠嘉說：「晁錯鑿穿的是太上廟周圍的圍牆，又不是廟裡的圍牆，所以不算犯法。再說，他這麼做，也是為了方便大家。這件事以後就不要再提了。」申屠嘉只能跪首謝罪。下朝後，申屠嘉對身邊的人說：「老夫應該先殺了晁錯再上奏，結果讓他搶先一步，真是太便宜他了！」申屠嘉為此氣得生了一場大病，不久就死了。

　　申屠嘉一死，晁錯更受漢景帝的寵信，便屢次勸說漢景帝削減諸侯們的封地。漢景帝也想鞏固中央集權，但他又擔心此舉會激起諸侯造反。晁錯聽了漢景帝的顧慮後，說：「如果諸侯不服朝廷號令，造反是早晚的事。不如現在趁他們毫無防備之際，削掉他們的封地，就算他們要造反，禍患還小，容易平定；如果現在不能決斷，無異於養虎為患，等他們實力雄厚起兵反叛的時候，就很難平定了。」漢景帝這才下定決心削減諸侯的封地。有的諸侯被削掉一個郡，有的被削掉幾個縣。封地是諸侯的生存之本，一下被削那麼多土地，那些驕橫慣了的諸侯，如何能嚥下這口氣？他們恨透了晁錯，恨不得食其肉、飲其血。

　　晁錯的父親聽說這個消息後，大驚失色，急匆匆地從潁川趕來，對晁錯說：「你現在位居高位，深得皇帝的寵信，為什麼就不能安分守己？你勸說皇帝削減諸侯的封地，是為了江山社稷的安穩，可你忘了，那些諸侯都是皇室貴族，你這麼做是破壞人家骨肉親情。現在諸侯們沒一個不恨你的。」晁錯說：「我知道會這樣，但如果不這樣做的話，皇帝怎麼能治理好國家呢？又怎麼能維護他的尊嚴呢？」晁錯的父親無法理解晁錯的做法，回家不久後就服毒自殺了。

　　後來，以吳國為首的七個諸侯國打著「誅殺奸臣晁錯」旗號起兵造反，史稱「七國之亂」。原先嫉妒的袁盎等人趁機大肆宣稱諸侯叛亂都是晁錯逼出來的，他大逆不道，挑撥君臣之間的關係，應該把他殺了，叛亂自會平息。漢景帝慌亂之中，有些失去理智，竟然下令腰斬晁錯。晁錯對此一無所知，正在家中辦公，被糊里糊塗拖到刑場腰斬了。

　　晁錯死後，漢軍將領鄧公從前線回到長安向漢景帝匯報戰況，漢景帝忙問道：「叛軍得知晁錯已死，他們罷兵了嗎？」鄧公垂頭喪氣地說：「吳王為了造反，暗中準備了十幾年！這次為削地造反，名義上是為了剷除晁錯，實際上和他沒有一點關係啊！現在陛下您把晁錯殺了，以後誰還能替您出主意呢？」漢景帝這才知道錯殺了晁錯，雖然懊悔不已，但木已成舟，他只能強打起精神平叛了。他知道周亞夫能征

慣戰，便任命他為將。周亞夫果然名不虛傳，沒用多久就順利平定七國之亂。

　　從此，各路諸侯國從此一蹶不振，對朝廷俯首貼耳，再也不敢藐視朝廷了。

【故紙揮塵】

　　漢景帝輕易聽信讒言，殺晁錯以叛亂，結果弄巧成拙，致使叛亂愈演愈烈，最後叛亂雖然平息了，但卻失去了一心為國的大臣，不免令人惋惜。可見，一個人如果行事不謹慎周密，必然會導致失敗。所以，面臨大事時，一定要冷靜分析，不能人云亦云，必須經過多方面權衡和考慮，才能做出正確的抉擇。

＝ 曹操割髮代首抵罪 ＝

　　曹操，字孟德，小名阿瞞，沛國譙郡 167 人。曹操從小機警過人，散漫無度，放浪形骸，不事生產。長大後，他依靠自己的聰明才智，當上了東漢王朝的丞相，後來被封為魏王。

　　此時，東漢王朝逐漸走向衰敗，中原大亂，軍閥勢力互相攻打，百姓飽受戰亂之苦，怨言不斷。曹操也趁機起兵，很快消滅了各路軍閥，統一了北方。

167　譙郡：今安徽省亳縣。

　　曹操帶兵紀律嚴明，一次出征前，他下令全軍說：「不管行軍還是訓練，不准踐踏作物，不准欺壓百姓，違令者斬！」經過一番準備後，曹操率領大軍出發了。當時，正趕上麥熟時節，田地裡的麥子金黃飽滿，散發出特有的麥香。可是，沿途百姓十分懼怕過境軍隊，紛紛躲避在外，沒人敢回來收割麥子。曹操得知這種情況後，馬上派人四處安撫百姓，告知他們自己所率之軍，乃仁義之師，是為了討伐逆賊，平定天下，讓百姓過上好日子的。為了爭取民心，曹操再次重申軍紀：如有踐踏麥田者，定斬不饒。儘管如此，百姓們仍然半信半疑，躲在暗處，觀察曹軍的行動。曹軍將士知道主帥軍令如山，絲毫不敢違背，都小心通過，沒有一個人敢踐踏麥子，甚至有人還將倒伏的麥子扶了起來。百姓們見狀，疑慮頓消，再也不害怕了，主動出來歡迎曹軍，齊聲稱頌曹操的功德。

　　曹操為自己治軍有方沾沾自喜，騎馬繼續前進。正行間，突然從麥田裡飛出一隻大鳥，曹操的馬受了驚嚇，徑直衝入麥田，踏壞了一大塊麥地。事情發生得太過突然，將士們都驚得目瞪口呆，都看著曹操。曹操當即傳來掌管刑法主簿，命他給自己定罪。主簿戰戰兢兢地說：「馬是受驚才踏壞了麥田，不是主帥故意所為，不應該論罪斬首。」曹操怒聲說：「法令是我制定的，如果我都不能遵守，又如何能統帥好

部隊呢？也罷，我也不難為你們了，還是我自行了斷。」說著，拔劍就要自刎。左右侍從急忙衝上前去，奪下曹操手中的劍。大家紛紛懇求道：「主公，您身為軍中主帥，身負解救天下黎民苦難的重責，若就此輕身，軍隊何人能統帥？又有誰能擔起如此重任呢？」這時，謀士郭嘉也走上前來解勸道：「《春秋》[168] 上說：『對於尊貴之人不能施以刑法。』自古成大事者不拘小節，主公身繫天下安危，千萬不能做辜負天下百姓的事，望您善自珍重。」

聽了眾人的勸解，曹操沉吟一番，說道：「既然如此，姑且免去我一死。但是，我身為主帥犯了軍法，也要受罰，就割掉頭髮以代首級抵罪吧。」說罷，從腰間拔出寶劍，將自己的頭髮割下了一大把，用力扔在地上，並通告三軍說：「主帥戰馬踐踏麥田，按照軍令，應將主帥斬首，但眾將不允，遂割髮代首，以此警戒全軍將士，希望你們能嚴格遵守軍紀。」

曹軍將士得知此時後，佩服曹操的同時，也能嚴格地遵守軍紀了。

168　《春秋》：是儒家的經書，記載了從魯隱公元年（西元前七二二年）到魯哀公十四年（西元前四八一年）的歷史，也是中國現存最早的一部編年體史書。

【故紙揮塵】

在現代人看來，剪掉頭髮是一件稀疏平常的事情，但古人認為，身體髮膚，受之父母，不敢毀傷，否則就是不孝。曹操以髮代首，在抵罪的同時，也想趁機立信於人。果然，曹操此舉極大地震撼了曹軍將士，收到了預期的效果。可見，一個人要想得到別人的信任，就必須先學會嚴於律己，尤其當自己犯錯的時候，必須帶頭接受處罰，唯有如此，才能號令別人。

謀國政楚王故荒唐

西元前六一三年，楚穆王去世，其子子侶繼位，即楚莊王。在楚莊王繼位之前，楚國的內政混亂不堪，已經快到崩潰的邊緣，但令人奇怪的是，繼位伊始的楚莊王並沒有像其他新君繼位那樣大刀闊斧整頓朝政，反而對此不聞不問，只顧在宮中飲酒取樂。每當有大臣入宮奏事時，他總是不耐煩地擺擺手，讓大臣們自己看著處理，自己則繼續享樂。群臣見楚莊王這般表現，都嘆息說楚國將要亡在他手裡了。

有一些正直的大臣更是痛心疾首，紛紛入宮勸諫，可是楚莊王不僅不聽勸諫，反而十分反感這些勸告，於是就下命令說：「敢再來進諫者，殺無赦！」此令一出，再也沒有人敢

勸諫了。就這樣，三年一晃而過，朝中變得更加混亂，大臣們拉幫結派，互相爭鬥不休。楚莊王的兩位老師斗克和公子燮趁機掌握了大權。但即便如此，楚莊王視若無睹，沒有一點悔改之意。

　　大夫伍參心急如焚，再也坐不住了，決定冒死進諫。來到宮殿一看，只見楚莊王左手抱著鄭國獻來的美女，右手摟著越國獻來的美女，面前的案子上擺滿了美味珍饈、陳年佳釀，正聽著淫靡之樂，一臉陶醉的模樣。楚莊王看到伍參進來，臉色一變，怒聲問道：「寡人的命令你不記得了嗎？是不是來送死呢？」伍參忙說：「臣愚昧不堪，被一個謎語難住，久猜不中，大王您聰明絕頂，所以特意前來請您幫忙猜一猜。」見楚莊王點頭應允，伍參便說：「楚國有一隻奇怪的鳥，羽毛鮮亮，威武又雄壯，只是一連三年不飛也不叫，人人猜不中，請問是隻什麼鳥？」楚莊王聽後，沉吟了一番說：「三年不飛，一飛沖天；三年不鳴，一鳴驚人。你先下去吧，寡人心中有數。」

　　伍參回去後，便把這個消息告訴了大夫蘇從，蘇從十分高興地說：「看來大王馬上就要覺醒了，可是可喜可賀呀！」誰知，幾個月過去了，楚莊王非但沒有改過，反而比以前更加墮落了。蘇從非常失望，一氣之下竟然闖入宮中對楚莊王說：「大王身為一國一主，身繫國家和百姓的命運，怎麼能一

連三年不理朝政呢？如此下去，恐怕離亡國不遠了！」楚莊王一聽，勃然大怒，從案上抽出寶劍，架在蘇從的脖子上，厲聲問道：「你故意違背寡人的禁令，難道是想死不成？」

蘇從凜然說：「如果我一死能喚醒大王，我甘願一死！」說完，就請楚莊王動手。不料，楚莊王突然收回寶劍，屏退那些歌姬和樂工，上前拉住蘇從的手說：「寡人苦等幾年，為了就是能找到像你這樣一心為國的棟梁之臣！」蘇從一聽，似乎明白了什麼，忙叩首謝罪說：「微臣方才言語多有衝撞，請大王恕罪。」楚莊王扶起了蘇從，請他上座，然後就開始暢談起來。兩人越談越投機，甚至沒注意到天黑。從這次談話中，蘇從驚異地發現，三年沒上過朝的楚莊王竟然對朝內的事情瞭若指掌，在與各路諸侯國如何友好相處，他都有獨到的見解。這個發現對蘇從來說，無疑是一個巨大的驚喜。

原來，楚莊王所做的一切，都是在韜光養晦，麻痺別人。他繼位時年紀尚輕，又毫無臨朝理政的能力，再加上朝中人心複雜，如果莽撞行事，必然會釀出禍端。無奈之下，他只能自汙以掩人耳目的方式，靜待其變。在這三年裡，他一直用心分別忠奸賢愚，為了試探大臣們的忠心，他發布了勸諫者一律處斬的命令，結果，哪些是愛國之臣，哪些是貪榮慕祿之徒，立刻就能分辨出來。如今，三年已過，他不僅長大了，而且閱歷豐富，更重要的是，他知道人心已明，所

以，他決心重整朝綱。

　　第二天，楚莊王就上朝理事，當著百官的面，任命蘇從、伍參等一大批賢明有才的大臣輔佐自己，誅殺了一大批奸佞之臣，又頒布了一系列法令，以安定民心。在楚莊王精心治理下，楚國越來越強盛。

　　後來，楚國與強大的晉國在邲地[169]展開大戰，大敗晉軍。經此一戰，楚莊王名動天下，確立了霸主地位。

【故紙揮塵】

　　楚莊王在種種不利於自己的情況下，假裝沉溺於酒色之中，用三年時間韜光養晦，積蓄力量，最終掌握了朝中大權。由此可見，楚莊王確實是一個很有謀略的人，他的耐心、膽識和修養確實高人一等，可以值得我們學習和借鑑。與別人交往過程中，我們也可以隱藏自己的真才實學，佯裝胸無大志，任由別人輕鬆行事，在不經意間就會暴露其本來面目，這往往是鑑別他人品行的最佳途徑。

169　邲（ㄅㄧˋ）地：今河南省鄭州市東。

嚴軍紀穰苴斬莊賈

　　司馬穰苴（ㄖㄤˊ ㄐㄩ），姓田，名穰苴，是齊國大臣田完的後代。因穰苴曾立下諸多戰功，齊景公封他為大司馬[170]，所以人們都叫他「司馬穰苴」。

　　齊景公在位時，晉國起兵進犯齊國東阿[171]之境，燕國也趁機進攻齊國北邊領土。齊國屢次出兵抵抗，皆大敗而回。為此，齊景公十分憂慮，便向大臣晏嬰詢問退敵之計。晏嬰便向齊景公推薦穰苴，說：「穰苴文韜武略，是個軍事天才，如果大王願意起用他，一定能擊潰進犯之敵。」齊景公便召穰苴入朝，問其兵法，果然韜略非凡，齊景公很滿意，便拜他為將軍，讓他馬上率軍抵抗晉國和燕國的軍隊。穰苴對齊景公說：「臣地位卑賤，現在您突然授我兵權，恐怕人心不服。臣懇請大王派一位您寵信還受百姓尊重的大臣，作為監軍。這樣將士們才肯聽從臣的軍令。」齊景公覺得他說得有道理，便派自己最寵信的大臣莊賈去當監軍。穰苴和莊賈謝恩而出。走出宮門外時，穰苴和莊賈約定第二天中午在軍營門前會面。

　　第二天中午，穰苴準時來到軍營，命令立起一根木桿，以觀察太陽的影子，計算時間，等莊賈來，又派人去催莊

170　大司馬：是古代對中央政府中專司武職的最高長官的稱呼。
171　東阿：今山東省東阿縣。

賈。莊賈少年得志，春風得意，又仗齊景公的寵信，打心底看不起穰苴。更何況自己是監軍，地位比穰苴高，所以覺得晚到一會兒也沒什麼。又趕上這親戚同僚為他設宴餞行，直喝得酩酊大醉，根本不顧使者三番五次的催促。

一直過了正午，莊賈也沒來。穰苴便命人放倒木桿，自己一個人登上點將臺，宣布軍紀，舉行誓師大會。誓師完畢後，已經是黃昏了。這時，莊賈才坐著華貴的馬車，緩緩而來，一臉得意的神色。等到了軍營門口，莊賈慢吞吞地下了馬車，在眾多侍衛的前呼後擁下，邁著方步走上了點將臺。

穰苴在臺上按劍挺坐，也不起身迎接，強壓著心中的怒火問道：「監軍為何來晚了？」莊賈滿不在乎地拱手說道：「今天要外出征戰，親戚故交設宴為我餞行，所以耽擱了一會兒。」穰苴臉色一沉，說：「身為將軍，從接受命令那一刻起，就應該忘記自己的家庭；到了軍隊，就應該忘記自己的親戚故交；兵凶戰危的時候，就應該忘記自己的生命。現在燕、晉二國兵鋒直達我國邊境，大王因此食不知味，睡不安寢，將三軍將士交給我們兩個指揮，只盼我們早日獲勝立功，解救百姓於水火之中，而你怎麼還有閒暇飲酒作樂呢？」莊賈嘻嘻笑道：「幸虧沒耽誤出征日期，將軍何必發這麼大的火呢？」穰苴拍案大怒道：「你仗著大王的寵信，竟敢怠慢軍心，倘若打起仗來也是如此，國家就要葬送你手中

了！」當即傳來軍法官，問道：「軍隊規定，對約好時間但遲到的人該如何處置？」軍法官答道：「應該斬首。」莊賈見穰苴真的要殺他，頓時嚇得屁滾尿流，連忙派人去向齊景公求救。

莊賈派出去求救的人剛走，穰苴就把莊賈斬首了，並把其首級懸掛在營門上，全軍將士無不感到震驚和害怕。過了好久，齊景公的使者才駕車趕到，手持詔書來赦免莊賈。穰苴不為所動，說：「將領在軍中，君命可以有所不受。」又高聲問軍法官說：「駕車在軍營裡奔馳者，該如何處置？」軍法官答道：「應當斬首。」使者嚇得面如土色，渾身戰慄，連忙說：「我是奉君命前來，你不能殺我。」穰苴說：「既然是大王的命令，不能處死他。」於是下令將馬車砸壞，殺了馬，讓使者如實返報齊景公，自己則率大軍出征。

穰苴還沒到郊外，晉國軍隊知道穰苴治軍有方，將士士氣高漲，不宜取勝，便撤兵了。燕國軍隊得知後，也立即撤兵。穰苴下令追擊，齊軍將士個個入猛虎下山，殺得燕軍潰不成軍，收復了所有淪陷的土地，凱旋回國。

【故紙揮塵】

莊賈是齊景公的心腹之臣，身為監軍的他，在敵人犯境、國土淪陷的情況下，目無紀法，與親戚故交飲酒

取樂，全然忘記了與穰苴中午相見的約定，竟然黃昏時分才到。若是普通人處理此事時，一定會顧忌到莊賈的身分和地位，猶豫不決，不知該如何處置，或者聽之任之。如此一來，將士就會無視軍紀，能不能擊潰進犯之敵也就是一個未知數了。穰苴十分清楚這一點，來了個快刀斬亂麻，先斬莊賈，再殺齊景公使者的馬，因而在軍中迅速樹立威信，為日後的勝利奠定了基礎。面臨大事的時候，不僅要勇於冒險，更要善於冒險，應該做好成敗在此一舉的心理準備，而顧慮重重、猶豫不決則不容易獲得成功。

漢高祖醉酒斬白蛇

　　秦朝時，沛縣[172]有一位叫劉季[173]的青年，他長得漂亮，有著高高的鼻梁和一把帥氣的鬍子，他喜歡結交朋友，樂善好施，在當地有很好的人緣。

　　劉季不喜歡從事生產活動，家裡的農活從來不做，長大後在別人的舉薦下當了亭長[174]，常常取笑和羞辱同事。他喜

172　沛縣：沛縣位於徐州西北部，處於蘇、魯、豫、皖四省交界之地，是漢高祖劉邦故里，素有「千古龍飛地、帝王將相鄉」之美譽。

173　劉季：即劉邦，漢朝開國之君，西楚霸王的死對頭，出身農家。季在排行中屬第三。

174　亭長：文中指秦漢時十里之地的長官，負責該地區治安警衛，兼管停留旅客，治理民事。多以服兵役已滿期之人充任。

歡喝酒，在酒鋪欠下很多債務，喝醉了就躺酒鋪裡，酒鋪老闆見他身上常常出現怪異的龍紋，感到十分奇怪。每次劉季來喝酒，來買酒的人都會多很多，等到年底結帳時，酒家都把債務免了。

有一外地人呂公和沛縣的縣令關係很好，為了躲避仇人就把家安在了沛縣，沛縣的豪傑人物聽說縣令家來了重要的客人，都前往結交。當時蕭何在沛縣擔任主吏，掌管進出之事，定的規矩是賀禮不足一千錢的坐堂下。劉季當時身為亭長一類的小官，平日裡就看不起那些當官的，此時也前去拜訪，聲稱帶了一萬錢的賀禮，其實一個錢也沒有帶。蕭何說：「劉季就喜歡說大話，沒做成什麼大事。」

當呂公在眾人之中看到劉季時，十分驚訝，趕緊起身將劉季迎進門。原來這位呂公十分擅長相面，他見到劉季的相貌後十分敬重，因而請劉季入座。劉季一邊戲弄著賓客，一邊就走向上座，一點也不謙讓。

等到酒喝到差不多了的時候，呂公給劉季打眼色，讓他留下來，劉季就一直喝到了最後。酒盡人散後，呂公對劉季說道：「我年輕的時候就給人相面，不知道見過多少人了，但是從來沒見過你這樣相貌的，但願你珍惜自己。我有一個親生女兒，願意讓她成為你的妻子。」

呂公的老婆知道這事後很生氣，對呂公說：「你不是一直

很稀罕我們的寶貝女兒嗎？想把她嫁給貴人，沛縣的縣令和你關係那麼好，想娶我們女兒你一直不肯，為什麼就這樣許配給劉季？」

呂公說：「這件事不是你們女人家能懂的。」

後來，劉季劉亭長押解犯人去驪山[175]服刑，路上犯人們都逃得差不多了，劉季估計要是到了驪山這幫犯人都得跑光了，按照秦朝的法律，自己這個亭長會被處死，於是到了就停下來喝酒，夜裡就把犯人們的枷鎖都解開，說道：「你們都各自逃命去吧，我也要逃得遠遠的了。」犯人之中只有十幾個願意跟隨他的。

劉季喝得醉醺醺的，從大澤中抄近路，讓一個人走前面探路，不一會兒探路的回來告訴大夥說：「前面有條大蛇擋著路，我們還是換一條路走吧。」

醉酒的劉季說道：「大丈夫行路，怕個什麼！」於是自己帶頭走向前，一劍將大蛇砍為兩段，路就讓開了，劉季走了數里地，酒勁上頭，就躺在地上休息。跟著劉季後面的人路過劉季斬蛇的地方，看見有一老婦在那哭泣，問老婦何故哭泣，老婦說自己的兒子是白帝之子，化為白蛇出現在這裡，剛剛被赤帝的兒子殺了，故而哀哭。眾人以為這老婦人在欺

175　驪山：是秦嶺北側的一個支脈，東西綿延二十餘公里，最高海拔一千兩百五十六公尺，遠望山勢如同一匹駿馬，故名驪山。周、秦、漢、唐多在此建立行宮別墅，著名旅遊區。

騙自己，想教訓教訓她，沒想到這老婦人忽然間又不見，眾人受了驚嚇，趕緊跑去找劉季，把這事告訴了他，劉季聽說後，心中暗自歡喜，眾人也越來越敬畏他。

秦始皇曾經說過東南方向有天子之氣，於是東遊，意圖壓制住這股天子氣，劉季懷疑是自己，便躲到了山裡。每次他妻子和朋友想去找他都能把他找出來，他感到很奇怪，他妻子對他說是因為他頭上有一朵雲，只要找到了那朵雲就能找到他，劉季聽了又驚又喜，沛縣的子弟們有的聽說了都想去依附他。

過了沒多久，陳勝、吳廣揭竿而起，劉季想想自己的奇遇，於是一狠心，也走向了反抗暴秦的道路，經過長時間的努力，最終取得了天下，成為了漢朝的開國皇帝，廟號[176]高祖。

【故紙揮塵】

劉季原本只是普普通通的一個亭長，當他發出「壯士行，何畏！」的聲音之後，便再也不是那個混吃混喝的劉季了，在秦末風雲突變，豪強四起、逐鹿天下的亂世之中，劉季也不願安於現狀，在決心起義之後再也沒有了畏懼，他成為了真正的壯士。即使是在最後的日子

176　廟號：意思就是皇帝在於廟中被供奉時所稱呼的名號。

裡，他還記得當年的豪情：「我以布衣之身，提三尺之劍奪得天下，這難道不就是我的命嗎？」

生活之中，應該像劉季這樣，珍惜每一次機遇。劉季不屈服於上天安排的命運，自己贏得了自己的天下，這不僅需要巨大的決心和勇氣，還需要機遇。當時必然會有很多像劉季這樣的人存在，只是劉季在不斷的機遇之中成功了，所以我們現在才能提及到他。

═ 伏胤空詔斬司馬允 ═══════════

淮南王[177]司馬允是晉武帝司馬炎之子，由李夫人所生，被任命為驃騎將軍，兼中護軍[178]。

司馬允性格沉穩堅毅，剛正不阿，一心忠君報國。後來司馬允見一些正直之臣接連被趙王司馬倫[179]誣陷入獄，慘遭殺害，便知趙王有篡國奪基之心，遂暗中培養死士，以備非常之變。

很快，密探便將此事告知趙王，趙王寢食難安，深為忌憚。謀士孫秀獻計道：「不如授他太尉一職，明為推崇，實為奪其兵權。」趙王大喜，遂命孫秀起草詔書，擢升司馬允為

177　淮南王：中國古代王爵封號名。
178　中護軍：古代官名。原名護軍，與中領軍同為重要軍事長官。
179　司馬倫：西晉八王之亂中其中一王。司馬懿第九子，柏夫人所生。

太尉，寫畢交予御史劉機去淮南王府宣詔。

　　司馬允得知有人宣旨，急忙跪地聆聽。待劉機宣讀完畢，司馬允起身接過詔書，仔細一看，是一筆楷體，硬直峭拔，筆鋒軟綿無力，竟然出自孫秀之手，不由怒聲喝道：「孫秀狗膽，敢假傳詔書？」說話間，拔刀斬殺劉機。劉機雖驚駭之極，卻也反應機敏，拔腳狂逃，隨劉機來的兩個令史躲避不及，皆做了司馬允刀下之鬼。

　　司馬允情知此時不先發制人，日後必為趙王所害，遂向左右大呼：「趙王要滅我司馬家！」翻身上馬，率淮南死士及帳下兵卒共七百一十人，衝出大門，一路舉刀高呼：「趙王密謀造反，我將討伐之，願從者舉起左臂！」霎時，從者如雲，呼聲震天，策馬奔向趙府。

　　趙王聽聞相府外殺喊聲震天，情知事已洩密，急令孫秀率兵應戰。司馬允多為淮南奇俠劍客，且生性悍勇，加之兵器精良，戰不多時，孫秀處於下風，兵士死傷過半，急令收兵，退守相府。司馬允命士兵在相府前一溜排開，張弓挽箭，同時射了出去，密集得如蝗蟲一般鋪天蓋地飛向王府內。趙王正在院中，眼見躲避不及，情急之下見主書司馬畦側立身畔，便一把拖過來，遮擋自己，瞬間，司馬畦身中數箭，口吐鮮血直呻吟，眼見活不成了。趁著箭雨稍歇，趙王丟下司馬畦，就地一滾，躲到一棵大樹後面，只聽得身後傳來箭羽穿破長空的吟嘯

之聲，立時，那棵大樹便被射了數百箭。

中書令陳淮得知兩王火拼，想助司馬允一臂之力，遂向惠帝進勸諫道：「兩王爭鬥，必然兩敗俱傷，於國不利，應用白虎幡平息兩王爭鬥。」原來，晉朝為應對一些特殊情況，特設白虎、騶（ㄗㄡ）虞二幡：白虎幡為督軍征戰之用，騶虞為傳旨解兵之用。而此時應用騶虞幡才對，陳淮卻正話反說，打算騙得白虎幡助司馬允戰退趙王。惠帝昏庸不堪，自不知其中奧妙，當即准奏，遂令司馬督護伏胤帶領四百騎士，持白虎幡出宮。飛奔至門下省時，卻遠遠地被趙王之子司馬虔攔下。

司馬虔問道：「將軍形色匆匆，又手持白虎幡，難不成是前去為兩王解鬥？」

伏胤道：「正是。」

司馬虔頓時大驚失色，暗想：此幡一旦為司馬允所持有，則把家父真正陷入反叛之賊，我父命必休矣！」暗中以重利誘伏胤道：「將軍若能轉保我家，日後我們全家一定助你飛黃騰達。」

伏胤聽得心馳神蕩，遂見風轉舵道：「殿下不必擔心，我已有斬司馬允之計！」當即拜辭，策馬奔向趙府外，來到司馬允陣前，手持一紙空白詔書，鼓足中氣，朝司馬允大喊道：「我奉皇命宣讀詔書，特來協助淮南王！」

　　司馬允卻不知是計，以為是真，忙大開陣門迎接，伏地拜受詔書，伏胤見其脖項露出，手起刀落，頸血四濺，人頭已滾落在地。伏胤怒睜雙目，朝淮南兵大喝道：「司馬允擅兵作亂，我奉命誅殺，爾等還不快走，想滅九族嗎？」淮南兵大駭，紛紛逃走。

　　事後，趙王又誅殺司馬允三子，受牽連者被誅殺有幾千人。

【故紙揮塵】

　　司馬允勇猛果斷，且富有機變，在識破孫秀矯詔後，當機立斷，拔刀斬殺孫秀，想趁此機會殺了趙王，為國除害。奈何司馬允忠君之心過重，與趙王的戰鬥中逐漸占得上風，正在關鍵時刻，伏胤手持空詔前來，司馬允卻毫不起疑，結果被伏胤所殺。司馬允身邊雖多為淮南奇俠劍客，個個勇猛無敵，本來取勝是輕而易舉的，但司馬允一死，核心力量已失，自然潰敗而逃。只可惜司馬允一心忠君為國，結果卻落了個如此淒慘的下場！

第六章　齊家有術篇

杜氏女勵夫成相國

百里奚，字井伯，春秋時期著名的政治家、思想家和軍事家。

百里奚自幼家境貧寒，三十多歲才成家。百里奚飽讀詩書，胸有濟世之志，欲遍遊列國，尋訪賢主，成就一番事業。只因念及妻子孤苦無依，一直猶豫不決。百里奚的妻子杜氏秀外慧中，知書達理，她深知丈夫是曠世奇才，便鼓勵他說：「好男兒志在四方，你正值壯年，怎能因為我而埋沒你的才華呢？我能養活自己，你就放心去吧！」在百里奚離家遠遊的前一天晚上，杜氏殺了家中唯一的老母雞，劈扊扅[180]，舂[181]黃米，燉雞煮飯，為丈夫送行。百里奚飽餐一頓，臨別之時，拉著妻子的手，哽咽著說：「等我日後飛黃騰達，一定會報答妳的，絕不食言！」說罷，頭也不回，徑直而去。

百里奚離開家鄉後，遊歷宋國、齊國等國家，因為無人引薦，連個差事也找不到，更別說得到重用了。遊歷至齊國的時候，百里奚身無分文，只能沿街乞討度日。一天，百里奚在街上行討的時候，遇到了蹇叔。蹇叔見他相貌不凡，便

180　扊扅（一ㄢˇ 一ˊ）：古代木門的門栅。木質的一根桿子，擋插在木門後面可以將木門關上，外面推不開。其功能類似於現代的門後插銷。

181　舂：把東西放在石臼或乳缽裡搗。

上前問他姓名，而後又與他談論時事。百里奚對天下大事瞭若指掌，說得頭頭是道，分毫不差。蹇叔驚嘆其才華，便將百里奚留在家中，結成兄弟。

後來，在蹇叔的推薦下，百里奚在虞國當了大夫。虞國君主十分貪婪，禁不住晉國的美玉和良馬的誘惑，答應借道給晉國，讓晉國討伐與自己同姓比鄰的虢國。結果，強大的晉國不僅順利滅掉了虢國，回國途中，又順手牽羊滅了虞國，俘虜了百里奚，並把他當成晉國公主的媵人[182]，陪嫁到秦國。在前往秦國的途中，百里奚設計脫逃，隱匿於楚國，給楚王養馬。

秦穆公胸有大志，求賢若渴，聽說百里奚有濟世之才，依謀臣公孫枝之計，用五張羖[183]羊之皮從楚國換回了百里奚，並拜他為相國。百里奚當了秦國相國後，勤政愛民，革新吏治，使秦國迅速強大起來。

百里奚的妻子杜氏，自從百里奚走了之後，依靠紡織度日，日夜期盼丈夫能早日榮歸故里。然而，天有不測風雲，百里奚一去便沒有了消息。有一年，家鄉鬧饑荒，莊稼顆粒無收，杜氏不能生活，便帶著兒子遠走他鄉。幾經輾轉，杜氏來到了秦國，替別人洗衣為生。後來，杜氏聽說秦國的相國是百里奚的時候，欣喜異常，想去相認，又轉念一想，

182　媵（一ㄥˋ）人：古代指隨嫁的人。
183　羖（ㄍㄨˇ）：黑色的公羊。

我們離別多年，自己人老珠黃，模樣大變，他還能認出我來嗎？顧忌於此，杜氏始終沒有勇氣，前去與百里奚相認。

正巧，相府需要一名洗衣服的傭人，杜氏自願入府洗衣，尋找機會認親。杜氏幹活十分勤快，府中的人都十分尊重她，但她一直沒有見到百里奚。一天，百里奚在相府舉辦宴會，百里奚一邊與客人在堂上飲酒談天，一邊欣賞堂下的歌舞表演。杜氏便對相府管事的說：「老婦也頗通音律，願意為相爺演奏一曲，以助酒興。」管事的欣然同意。杜氏道了謝，從容不迫地走到堂上，接過樂工遞給她的瑤琴，低眉斂袖，撫弦唱道：「百里奚，五羊皮。憶別時，烹伏雌，炊扊扅，今日富貴忘我為。百里奚，初娶我時五羊皮。臨當別時烹乳雞，今適富貴忘我為。百里奚，百里奚，母已死，葬南溪。墳以瓦，覆以柴、舂黃藜，搤伏雞。西入秦，五羖皮，今日富貴捐我為。」

歌曲未終，坐在堂上的百里奚早就老淚縱橫了。他跌跌撞撞地衝到堂下，仔細一看，唱歌之人果然是分別多年的妻子，兩人相擁而泣，在場賓客無不為之動容。

秦穆公知道這件事情後，十分佩服百里奚不忘舊情高貴的品格，賜給百里奚很多財物。

【故紙揮塵】

俗話說：「一個成功男人的背後，往往站著一個偉大的女人。」杜氏年輕時覺得百里奚不是常人，便鼓勵他外出求仕，一展才華，自己留居故鄉，撫養家小，後來，迫於生活，輾轉入秦，以洗衣為生，最後，苦盡甘來，撫琴認夫，一家得以團聚。杜氏用柔弱的肩膀扛起生活的重負，解除了丈夫的後顧之憂，最後使丈夫成為一代賢相的同時，自己也名留青史。一個人如果覺得自己的能力不足以成就大事，不妨在與自己關係親近的人中，挑選一個有能力的人，來幫助自己實現人生理想，也不失為一個好辦法。

══ 識大體賢妻勸丈夫 ══

晏嬰，字平仲，又稱晏子，夷維[184]人，春秋時期齊國著名的相國，他正直廉潔，多謀善斷，將齊國治理得井井有條。

晏嬰雖然貴為一國之相，但他為人十分謙恭，不論對誰都十分有禮貌。晏嬰有一個車夫，身高八尺，相貌堂堂。晏嬰每次出使各國，車馬華蓋，儀仗十分隆重。晏嬰的車夫得意洋洋地坐在華蓋下面，揮舞著手中的鞭子，不停地驅趕馬

184　夷維：今山東高密。

匹。而坐在車裡的晏嬰始終面帶微笑，一臉和氣。

但晏嬰的一個車夫，每次坐在高高的車蓋下面總是一副趾高氣揚的模樣，甚為得意。其妻常於門縫中，窺其外出駕車的姿態，見其如此意氣滿腹，驕橫無比，就非常生氣。最糟糕的是他不僅在外邊這樣，就是回家後，也還是驕矜自得，旁若無人。

一次，車夫載著晏嬰路過集市的時候，恰好碰到了妻子，為了在她面前炫耀自己的威風，車夫揮鞭策馬，洋洋得意，不可一世，好像他就是相國一樣。車夫回家後，正要再次向她吹噓沿路的人們如何讓路給他的時候，他的妻子突然跪在地上說：「賤妾愚昧無知，無法再繼續侍奉您了，請您讓我走吧。」車夫十分納悶，忙問道：「我身為宰相車夫，不論走到哪裡，都會受到別人的禮遇，你跟著我應該高興才對，怎麼要走呢？」車夫的妻子說：「晏嬰身高不足六尺，卻身為相國，名動天下，諸侯敬仰。今天我在集市上看到他一臉謙和，顯然有很大的抱負。而夫君身高八尺，相貌偉岸，卻不過是為人家趕車的傭人，而您不思進取，反而為此自鳴得意，所以我請求離開您。」

聽了妻子的一番話，車夫羞愧難當，意識到了自己的錯誤。從此以後，他像是變了一個人，每次駕車外出，總能謙和待人。時間一長，晏嬰也察覺到了車夫的變化，便問他其

中緣故，車夫便一五一十告訴了他。晏子聽後，對車夫的妻子也十分佩服，後來，在他的推薦下，車夫當了大夫。

【故紙揮塵】

> 晏嬰身為相國，一人之下，萬人之上，其車夫自然感到萬分榮耀。車夫的妻子很明智，她看到晏嬰的謙和，而為丈夫的行為感到羞恥，因而大膽地指責丈夫的過失，而車夫也能聞錯即改，加強了自身的修養，後來被細心的晏嬰發現，幫助他走上了仕途之路。或許車夫的妻子沒受過多少教育，但她以其高尚的品德和非平凡的見識，說明丈夫改正錯誤，不失為一位賢內助。

聶政姐弟同俠殉義

聶政是軹邑深井里[185]人。他脾氣暴躁，為人耿直，失手殺了人，為了躲避仇家追殺，就帶著母親和姐姐逃到齊國，以屠宰為生。

濮陽的嚴仲子與韓國相國俠累結下了仇怨。嚴仲子擔心會遭到俠累的報復，便逃出韓國，四處尋訪壯士刺殺俠累，以報其仇。到了齊國後，他聽說有個叫聶政的人，勇猛異

185　軹邑深井里：今河南省濟源市。

常，只因躲避仇家，避居此地，不得已以屠宰為業。

　　嚴仲子親自登門拜訪，與聶政結為好友，兩人經常來往。一天，嚴仲子準備了一桌豐盛的菜飯，送到聶政家中。在宴席上，嚴仲子舉起酒杯，態度十分恭敬地向聶政的母親敬酒，並說了一番祝福的話，聶政的母親聽後，十分高興。酒過三巡，嚴仲子取出黃金百鎰送給聶政。聶政卻再三推辭說：「您的禮物太貴重了，我不能接受。」嚴仲子誠懇地說：「這是我對令堂的一點心意，請您不要推辭了，還是收下吧。」聶政依然嚴詞拒絕說：「我有老母在堂，雖然家境貧窮，但我自食其力，不會讓母親跟著我受苦。您的好意我心領了，但我不能接受。」嚴仲子不好強求，只好向聶政告別。

　　一年後，聶政的母親去世，嚴仲子前來哭弔，和聶政一起操辦喪事。等聶政服完喪後，找到嚴仲子，對他說：「我是個山野村夫，您貴為卿相。而現在您不遠千里來與我結交，還要送我母親黃金，這樣的恩情，我怎麼能忘記呢？當初只因有母親在世，我無法報答您的恩情，現在母親去世，我心無牽掛，可以為您效勞，以報答您的恩情。」嚴仲子便原原本本地對他說：「我在韓國做官的時候，得罪了韓國相國俠累。俠累不僅是一國之相，而且還是韓國國君韓哀侯的叔父，宗族龐大，人丁興旺。他居住的府邸，戒備森嚴，防守嚴密，我幾次派人去刺殺他，都沒能得手。如今承蒙您高

義，願意捨身幫助我。我現在為您準備馬車，再派一些壯士
供您調遣。」聶政想了想說：「俠累貴為相國，而且還是韓國
國君的叔父，如果去的人多了，必然會走露風聲。到那時，
不僅大事難成，而且還會給您帶來災禍。」於是，他告別了
嚴仲子，獨自一人前往韓國。

聶政來到韓國，來到俠累府中。碰巧俠累正坐上堂上，
一些護衛身穿重甲，手持寶劍，分站兩旁。聶政懷揣匕首，
徑直而入，衝入堂上，殺了俠累。堂上頓時大亂，俠累的護
衛一擁而上，企圖生擒聶政。聶政毫無懼色，連殺數十名護
衛。最後，他知道自己無法脫身，就用匕首毀壞了自己的面
容，挖出雙眼，最後自刎而死。

韓哀侯命人把聶政的屍體棄在街市上，懸賞千金，希望
有人舉報凶手的來歷，為相國報仇。但因為聶政的面目血
肉模糊，無從辨認，所以沒人知道他是誰。聶政的姐姐聶
䕯（ㄋ　ˋ）聽說這件事情後，就痛哭流涕地說：「這個人肯
定是我的弟弟！」當即動身去了韓國，一看屍體橫陳街市，
悲傷欲絕，趴在屍體上號啕大哭。她的哭聲驚動了很多人，
人們紛紛駐足觀看，這時，官吏趕來問她：「你知道死者是
誰嗎？」聶䕯悲傷地說：「死者正是我的弟弟聶政，我是他
的姐姐。聶政在軹邑深井里，以忠勇聞名，他知道刺殺相國
是死罪，臨死前自毀面容，不讓別人認出來，就是怕我受到

牽連啊。我怎麼能顧惜自己的性命，而讓我弟弟的英名埋沒呢？」說罷，大喊三聲，因悲傷過度氣絕身亡。

　　人們聽說這件事情後，都十分感慨地說：「不僅聶政是個頂天立地的壯士，就連他姐姐也是個烈女啊！」

【故紙揮塵】

> 　　聶政姐弟同俠，雙雙赴死，一個是為了不連累姐姐，自毀面容，一個是為了弟弟不肯苟且偷生。這種血濃於水的姐弟之情令人聞之動容。除了父母之外，這個世界上，姐姐大抵是最能親近和信任的人了，她可以為弟弟奉獻一切而不求回報。所以，姐弟之間，一定要學會團結互愛，攜手共進，成就一番事業。

═ 蔡文姬苦情救夫君 ═

　　蔡文姬是東漢末年陳留圉[186]人，她的父親是當時赫赫有名的大文豪蔡邕（ㄩㄥ）。在父親的教導下，自幼聰慧的蔡文姬讀了很多書，學識淵博，擅詩賦，通音律。當時，東漢政權在農民起義的衝擊下，處於風雨飄搖之際，北方匈奴趁機南下，一路燒殺搶掠，無惡不作。

186　陳留圉：今河南開封杞縣。

　　後來，蔡邕因受董卓之亂的牽連冤死獄中。蔡邕死後，董卓的部下李傕、郭汜為了爭奪朝中政權，反目成仇，互相攻打，蔡文姬隨著長安的百姓四處逃難。流亡過程中，蔡文姬不慎碰到了匈奴兵，匈奴兵見她貌若天仙，婀娜多姿，便把她搶來，獻給了匈奴的左賢王。左賢王不僅愛蔡文姬的美貌，更仰慕她的才華，因此視她為珍寶，對其言聽計從。蔡文姬在匈奴生活了十二年，雖然習慣了匈奴的生活和風俗，但她依然十分想念故國。

　　後來，曹操挾天子以令諸侯，兵戈鐵馬，很快統一了北方。後來，曹操在鄴城進封為魏王，一時權傾朝野，名動天下。匈奴單于[187]為了拉攏曹操，特意趕到鄴城拜賀曹操，曹操設宴相待。席間，曹操向單于提起已故的朋友蔡邕，說他的女兒蔡文姬至今留在匈奴，自己想把她接回來。單于出於大局考慮，十分痛快地答應了。左賢王對蔡文姬的感情十分深厚，不捨得讓她走，但又不敢違抗單于的旨意，只好派人護送蔡文姬回去。蔡文姬自然十分願意早日回到日思夜想的故國，但她又捨不得離開在匈奴生下的子女，萬分衝突中，蔡文姬含淚寫下了動人心魄的〈胡笳十八拍〉。

　　蔡文姬回到鄴城後，受到曹操的親自接待，曹操見她一個人孤苦無依，心生同情，便將她許配給屯田都尉董祀。哪

187　單于：是匈奴人對他們部落聯盟的首領的專稱，意為廣大之貌。

知，好景不長，董祀因犯了法，論罪當斬，不久就要行刑了。蔡文姬急得團團轉，正巧聽說曹操正在府中舉行宴會，朝中大臣以及當地名士都聚在一起，這些人當中，有很多是父親蔡邕的故交，或許他們能幫助自己。於是，她立刻動身去拜見曹操。

　　曹操得知蔡文姬求見時，對眾賓客說：「蔡邕的女兒流落匈奴多年，是我把她從匈奴接回來的。今天讓她和大家見一面，如何？」在座的大臣名士有不少人和蔡邕相識，自然十分樂意見見這位故交之女。曹操便命人請蔡文姬進來。蔡文姬披頭散髮，一臉憔悴，連鞋子也沒穿，剛進來就跪在曹操腳下，一面替丈夫請罪，一面陳述自己的不幸，聲音悲戚異常，令聞者為之動容。曹操說：「我很同情你的遭遇，也替董祀感到惋惜，但判決的文書已經送出去了，沒有挽回的餘地了。」蔡文姬苦苦央求說：「大王馬廄裡有寶馬千萬匹，帳下猛士如雲，只要您說一句話，派一名武士騎著快馬，便能追回文書，董祀便能得救了。」蔡邕的那些故交再也忍不住了，紛紛跪下來，請求曹操赦免董祀。曹操思慮一番，便批了赦免令，派了一名武士去追判決文書。直到這時，蔡文姬才謝恩起身，歡顏頓現。

　　等生活逐漸穩定下來，蔡文姬每有閒暇，都會去曹操家中做客。曹操也很有才華，經常與她談論文學。一次，曹操

得知蔡文姬家中有不少古籍，便問她是否還保存著。蔡文姬感慨地告訴曹操，她家原來有藏書四千卷，但經過戰亂後，已全部遺失。蔡文姬看著失望的曹操，笑著說：「我家藏書雖然大部分遺失，但四百多篇，只要大王給我一點時間，我就能寫出來。」

　　後來，蔡文姬憑著非凡的記憶力，默寫出四百篇文章，送給曹操。曹操一看，十分滿意，更加佩服蔡文姬了。人們把這段故事叫「文姬歸漢」，傳為美談。

【故紙揮塵】

　　蔡文姬一生經歷坎坷，先是經歷父親被殺，後來自己被掠到匈奴，之後，又經歷與子女分別的痛苦，獨自返回故國。等曹操將蔡文姬嫁給董祀後，就在她以為能過著一段平靜的生活時，董祀卻因犯法被判處死刑。蔡文姬雖然救夫心切，但方寸不亂，在得知曹操在府邸舉行宴會後，披頭散髮地去拜見曹操，刻意製造悲苦的形象，以此喚起曹操與在座大臣名士對自己亡父的懷念之情，讓他們主動出面求情，因而赦免了自己丈夫。

═ 老牛舔犢父子情深 ═══════════════

　　三國時期，曹操手下有個叫楊脩的主簿，他滿腹經綸，才思敏捷，甚有才名。但他因恃才自負，屢次觸犯曹操的忌諱，最後落了個殺頭的下場。

　　一次，曹操動用能工巧匠，為自己修建一座府邸，竣工後，曹操前來參觀，看著雄偉壯闊的建築物，滿意地點了點頭。隨後，他踱步到後花園，站在門前看了一陣，最後叫人拿來筆墨，在門上寫了一個「活」字。寫完後，也沒說話，就走了。工匠們一看不明白曹操在門上題了個「活」字有什麼用意，但又不敢問，圍在那裡不斷議論。

　　這時，主簿楊脩走了過來，他看了看門上的「活」字，笑著對工匠們說：「爾等不要憂慮，我來告訴你們怎麼做。你們把門拆了，重新建一個小一點的門就好了。」眾工匠不解其意，便問楊脩為什們要這麼做。

　　楊脩笑著解釋：「諸位有所不知，丞相學識淵博，喜歡用字謎下達命令。你們看門中寫一個「活」字，不就是一個「闊」字嗎？丞相是嫌門太寬了，所以要拆掉重建。」眾工匠恍然大悟，連連感謝楊脩。很快，工匠們就把門改小了。

　　過了幾天，曹操又來了，看到門已經按他的要求改小了，十分高興，便問工匠：「你們是如何猜出了我的字謎？」工匠恭敬答道：「回丞相的話，是主簿楊脩告訴我們的。」曹

操聽後，雖然嘴上讚美了楊脩幾句，但心裡卻有些不快。

　　還有一次，有人送給曹操一盒酥糖。曹操打開嘗了一塊後，覺得味道不錯，便在盒上寫了「一口酥」，然後就出去散步了。這時，主簿楊脩和幾位官員有事向曹操稟報，剛進門就看到桌子上有一個盒子，盒蓋上寫著「一口酥」三個字，筆墨還未乾，一看就是曹操剛寫上去的。楊脩想了想，會心一笑，便打開盒子，拿出一塊酥糖開始吃了起來，連連稱讚味道不錯，然後又讓同來的官員嘗嘗。可大家都十分懼畏曹操的權勢，哪裡敢吃他的東西，急忙搖手拒絕。

　　楊脩笑著說：「丞相留言讓我們吃，大家放心吃就是了。」「楊主簿，何以見得呢？」幾個官員官員仍然不放心地問道。楊脩指著盒子上的字說：「你們看，『合』字可分解為『人』、『一』、『口』三個字，連上前面的『一』字，加上後面的酥字，不就是『一人一口酥』了嗎？」幾個官員這才開始分吃，一會就把一盒酥吃了個精光。誰知，大家剛剛吃完，曹操就回來了，看到桌子上一片狼藉，故作生氣地問：「誰讓你們吃的？」楊脩拱手笑答：「是丞相讓我們吃的，我們豈敢違背您的命令呢！這不是明明寫著『一人一口酥』嘛！」曹操聽後，雖然面帶笑容，但心裡卻開始厭惡楊脩了。

　　曹操秉性多疑，不輕信任何人，擔心遭人暗中謀害，因此對外宣稱自己會在夢中殺人，並告誡侍從，在他睡覺時不要靠近他。一天夜裡，曹操在營帳中睡覺，翻身時把被子踢

到了地上，一個侍從擔心曹操著涼，上前拾起被子，正要給曹操蓋上時，曹操突然一躍而起，拔劍殺了侍從，然後倒在床上繼續睡覺。半晌醒來，看著倒在血泊中的侍從，曹操驚異地說「是誰殺了我的侍從？」其他侍從如實相告，曹操抱頭痛哭，懊惱不已，命人厚葬侍從。透過此事，大家對曹操夢中殺人深信不疑，唯獨楊脩喟然嘆道：「丞相非在夢中，君乃在夢中耳！」曹操聽說後，更加厭煩楊脩，總想找機會除掉這個不知趣的傢伙。

建安二十四年（西元二一九年），劉備進軍定軍山[188]，蜀漢大將黃忠殺了曹操手下大將夏侯淵，曹操得知後，咆哮大怒，親自率軍迎戰劉備。雙方在漢水久持不下，使曹操進退兩難，要向前一時不能戰敗劉備，要撤退又擔心遭天下人恥笑。一天，曹操悶坐帳中，苦思進軍之策，但思索良久，仍無一點頭緒，不由一陣心煩意亂。此時，恰逢廚子送來一碗雞湯，曹操接碗視之，發現碗中有一塊雞肋，心中感慨萬千。這時，將軍夏侯敦掀帳入內，稟請夜間號令，曹操隨口說道：「雞肋！雞肋！」於是，夏侯敦將口令傳遍三軍。楊脩一聽這口令，便命令手下將士收拾行裝，準備歸程。

早有人將此事報告給了夏侯敦，夏侯敦大吃一驚，忙將楊脩召入帳中詢問原因。楊脩解釋說：「雞肋者，食之無味，

188　定軍山：位於陝西省漢中市勉縣城南五千公尺。

棄之可惜。今進不能取勝，退恐人恥笑，在此已無意義。明
日魏王必會班師回朝。」夏候敦聽後，讚嘆道：「您真是魏王
的知心人啊。」於是，全軍將士都開始收拾行裝。曹操得知
這個情況後，勃然大怒道：「楊脩這個匹夫，竟然造謠亂我軍
心！」當即喝令左右將士，將楊脩推出斬首，並將他的首級
懸掛在轅門 [189] 外。

　　楊脩死後不久，曹操見到楊脩的父親楊彪，只見他一臉
憔悴，頭髮花白，身軀佝僂，不由得大吃一驚，忙問道：「您
是不是生病了？為什麼一下子老成這樣呢？」

　　楊彪聽後，沒有正面回答曹操，而是說：「西漢時期，漢
武帝十分信任大臣金日磾，同時也十分喜歡他的兩個兒子，
為了讓他們接受更好的教育，漢武帝還特意把他們接到宮中
撫養。後來，金日磾發現他的兩個兒子非但沒用功學習，反
而成天與後宮嬪妃嬉鬧，為了避免生出禍患，金日磾就把他
們殺了。每次想到這件事，老夫就覺得萬分慚愧，沒有金日
磾的先見之明，沒能教育好兒子，最後斷送了他的性命。大
人，您注意過在田裡耕田的老黃牛嗎？牠們耕完田後，總喜
歡和小牛待在一塊，還不時伸出舌頭舔一下小牛。每當看到
這樣的場景，我都會想起我的兒子。」說罷，楊彪淚流不止。

　　曹操聽後，也頗受感動，有些後悔殺了楊脩。

189　轅門：古時軍營的門或官署的外門。

【故紙揮塵】

　　老牛舐犢，父子情深。天下所有的父母，都會把自己的子女當成整個世界，為他們歡喜和憂愁，為他們願意犧牲自己的一切。父母的愛雖然是無言的，也無淚水，卻是充滿愛的真情，讓人為之動情。孔子說：「父母在，不遠遊。」他在告訴天下的子女應該守在父母身邊，盡自己的一份孝心的同時，也在說子女離開父母，出外闖蕩，給父母帶來的只是無盡的擔心和思念。所有，請讓我們記住，不論將來是否取得了成就，不論別人如何看待我們，我們是父母永遠牽掛的人。

王徽之悲傷別兄弟

　　王徽之，字子猷，東晉琅邪臨沂人，他是大書法家王羲之的第五個兒子，性格落拓不羈，待人豪爽。他有個弟弟叫王獻之，字子敬，自幼跟隨父王羲之學習書法，但又不拘泥父親的創作套路，堅持創新，因此他的書法自成一體，成為與父親齊名的大書法家，人稱「二王」。

　　王徽之和王獻之的感情非常好，經常一塊讀書，不論誰有了心得體會，都會興奮向彼此分享。一天晚上，兩人秉燭

夜讀《高士傳贊》[190]，讀到一半時，王獻之熱血沸騰，不能自已，拍案叫道：「井丹這個人品行高尚，值得我輩仿效！」井丹是東漢人，學識淵博，性情剛直，從不向權貴折腰，所以王獻之對他讚賞備至。王徽之聽後，笑著說：「賢弟，先別急著下定論。以我看，論起孤傲，井丹還差長卿一些呢！」長卿就是西漢大辭賦家司馬相如，他曾經為了愛情，拋棄一切與才女卓文君私奔，並修成正果。這在當時封建的社會裡，簡直就是一件石破天驚的大事，所以王徽之說他傲世。

　　當時，有個會算命的先生說：「人的壽命快要結束的時候，如果有人替他死，把自己的剩下的壽數轉到他身上，那麼將死之人便能長命百歲。」王徽之聽說後，懇求算命先生說：「我才德皆不如弟弟，我願意付出餘年，讓弟弟多活幾年。」算命先生仔細看了看王徽之的面目，搖頭說道：「要想替人去死者，自己的壽命必須要足夠長才行。現在你時日無多，怎麼能替他去死呢？」沒過多久，王獻之就得了一場大病，不久就去世了。

　　家人擔心王徽之一時接受不了王獻之離世的消息，就一直瞞著他。王徽之心中很掛念弟弟，但始終沒有他的消息。一天，王徽之是在忍不住了，便問家人說：「子敬是不是生病

190　《高士傳贊》：「高士」是古人給予隱士的許多名稱中較常用的一個，取《易經》「不事王侯，高尚其事」之意。這裡的《高士傳》用作總稱，包括魏晉南北朝文人編撰的各種隱士史傳。

了？為什麼這麼長時間都沒有他的消息？」家人聽後，閃爍其詞，不知該如何回答。王徽之見狀，忽然明白了什麼，悲傷地說：「子敬已經離開我們了，是嗎？」家人見無法再繼續隱瞞下去了，便告訴了他實情。

王徽之聽後，巨大的悲痛使他無聲地張了張嘴巴，竟然沒哭出聲來，只是無力地朝僕人擺了擺手，吩咐他準備馬車去奔喪。到了王獻之家，他久久凝視著王獻之的靈位，之後，命人取來王獻之生前最喜歡的那張琴，想彈首曲子。但調了半天琴弦，都沒能調好。王徽之舉起琴摔到地上，悲愴地說：「子敬啊子敬，你的人死了，你的琴也跟著死了啊！」說罷，大叫三聲，便暈厥在地。

後來，王徽之因悲傷過度，一病不起，不久就去世了。

【故紙揮塵】

生老病死屬於自然規律，任何人也無法改變。我們對自己親人的愛無可厚非，是可以理解的，但卻沒必要總沉浸在失去親人的傷痛中。死亡對於每個人來說都是必然的事情，關鍵是我們以什麼態度去看待死亡，如果一味抱怨也改變不了失去親人的現實，而擺脫悲傷的最理智的辦法就是接受這個現實，以一個平和的態度看待死亡。

≡ 郭子儀遠慮保家眷 ≡

　　郭子儀，鄭縣[191]人，是唐朝中期平定安史之亂[192]的功臣。郭子儀一生南征北戰，屢建奇功，唐朝因有他獲得了二十多年的安寧。郭子儀雖然是一介武夫，但他並不魯莽，反而心細如髮，通情達理，深得人們的敬重。

　　郭子儀晚年退位閒居後，唐肅宗念其功勞，特意賜給他一座汾陽王府，讓他盡享天倫之樂。有一天，有個叫盧杞的小官登門拜訪。郭子儀正與家人一起觀看歌舞表演，當他聽說盧杞來了，馬上讓歌伎和女眷退下，並對她們說，沒有他的允許，誰也不准進來。

　　當下，郭子儀親自將盧杞請進屋來，為他斟茶倒水，然後與他談話。等盧杞辭別後，家眷們十分好奇，忍不住問郭子儀說：「老爺您平時接待客人，從來不讓我們迴避，大家一起說說笑笑，主客都十分高興。而今天來了一個小官，您還親自出門迎接他，這是為什麼？」

　　郭子儀解釋說：「你們有所不知啊，盧杞這個人，很有才學，以後一定會飛黃騰達的。但他品行欠佳，心胸狹窄。此人長相醜陋，半邊臉發青，好似鬼怪一般，顯得又滑稽又叫

191　鄭縣：今陝西華縣。
192　安史之亂：安史之亂是唐代於西元七五五年所發生的一場政治叛亂，是唐由盛而衰的轉捩點，也造成唐代藩鎮割據。由於發起叛唐者是安祿山與史思明二人為主，故事件被冠以安史之名。

人害怕。妳們女人平時愛笑，假如一看到盧杞那副尊容，一定會失聲而笑，妳們一笑，他一定會懷恨在心。倘若他有一天得志，我們郭家恐怕就要遭難了！」

　　果然不出郭子儀所料，盧杞憑藉自己的才能，在官場一路走順，很快就當上了宰相，手握大權，開始了他的報復行動。那些曾經得罪過盧杞的人，他都會編造罪名，將他們斬首抄家或流放邊疆，唯獨對郭子儀十分照顧，還常常登門拜訪，即使郭家有人犯了法，他也會出面保全，他這麼做是為了報答郭子儀當初對他的知遇之恩。

【故紙揮塵】

　　郭子儀深謀遠慮，心思細膩，為家人考慮的十分周到。在日常居家迎賓待客的小事上，郭子儀能因人而異，做出穩妥的應對。郭子儀考慮到盧杞面目醜陋而且心胸狹窄，為了避免出現尷尬，他讓女眷在其來拜訪時予以迴避，充分地照顧到了盧杞的面子，因而使整個家族避免了盧杞的報復。身為一名家庭成員，我們有義務也有責任保護好自己的親人，避免他們受到傷害，這樣才是成熟的表現。

＝ 寫家信馬援誠兩姪 ＝

　　馬援，字文淵，東漢國功臣之一，官至伏波將軍，封伏新息猴。馬援從小就胸有大志，不甘平庸，其兄馬況、馬餘都十分疼愛他，尊重他做自己喜歡的事情的意願，並經常鼓勵他，因此，兄弟感情甚篤。

　　哪知世事無常，幾年後，馬況染病去世，馬援悲傷欲絕，為哥哥守孝一年，並悉心照顧寡嫂，衣服不整潔的時候，馬援從不登門。馬餘的兒子馬嚴、馬敦，年輕氣盛，頗為浮躁，還喜歡指點江山，無所顧忌地議論別人。對於兩個姪兒少不更事，馬援十分擔心他們無法成才，常常循循善誘，教他們為人做事的道理。

　　東漢建武十八年（西元四十二年），馬援受光武帝之命，引兵遠征交趾 [193]。戎馬倥傯、公務繁忙之餘，馬援總會寫信回家告誡兩個姪兒。信中說：

　　我希望你們聽到別人的過失，就好像聽到父母的名字一樣，允許耳朵去聽，但一定不要說出來。喜歡議論別人的長短，妄加評論正常的法制，這是我平生最痛恨的事情，今天之所以重新提出，猶如女兒出嫁之前，父親親自為她結了佩帶巾，並重審父母的訓誡一樣，想使你們牢記此事，永遠不要忘記。

193　交趾：又名交阯，中國古代地名，位於今越南境內。

龍伯高這個人生性忠厚謹慎，他說的每一句話，沒有任何疏失。我非常欣賞和敬重他，希望你們能向他學習。杜季良這個人，生性豪爽，喜歡行俠仗義，以他人之憂為憂，以他人之樂為樂，不論別人的品行好壞與否，他都能誠心結交。我欣賞和敬重他，但不願意你們向他學習。為什麼呢？因為學不成龍伯高，你們還能懂得克制自己，做個謹慎的人，正所謂「畫天鵝不像還能像野鴨，雖不逼真，但有些相似」；但如果學不成季良，你們就會墮落成輕薄子弟，這就是俗話說的「畫虎不成，反而像隻狗了」。直到今日，我仍然會為季良的結局擔心，因為他的長官一提及他，總會表現出一副痛恨的表情。所以，我不希望子孫後代向他學習。

【故紙揮塵】

馬援視姪子為己出，循循善誘，可謂用心良苦，其目的就是告誡姪子謹言慎行，遠離禍端，也就是向他們傳達一種明哲保身的思想。這種思想雖然在古代封建社會中屢見不鮮，但馬援對姪子做人的基本品德要求，對現代社會來說，仍有積極意義，值得我們學習。

電子書購買

國家圖書館出版品預行編目資料

原本以為很正經，二十四史超滑稽？腹黑帝王
× 陰險逆臣 × 嗜血將領 × 幽怨才女，爾虞我
詐的朝堂，日日都在演繹城府較量！ / 龔學剛
著 . — 第一版 . — 臺北市：崧燁文化事業有限
公司 , 2023.04
面；　公分
POD 版
ISBN 978-626-357-231-7(平裝)
1.CST: 中國史 2.CST: 通俗史話
610.9　　　112003216

原本以為很正經，二十四史超滑稽？腹黑帝王 × 陰險逆臣 × 嗜血將領 × 幽怨才女，爾虞我詐的朝堂，日日都在演繹城府較量！

臉書

作　　　者：龔學剛

發 行 人：黃振庭

出 版 者：崧燁文化事業有限公司

發 行 者：崧燁文化事業有限公司

E - m a i l：sonbookservice@gmail.com

粉 絲 頁：https://www.facebook.com/sonbookss/

網　　　址：https://sonbook.net/

地　　　址：台北市中正區重慶南路一段六十一號八樓 815 室

Rm. 815, 8F., No.61, Sec. 1, Chongqing S. Rd., Zhongzheng Dist., Taipei City 100, Taiwan

電　　　話：(02) 2370-3310　　　傳　　　真：(02) 2388-1990

印　　　刷：京峯彩色印刷有限公司（京峰數位）

律師顧問：廣華律師事務所 張珮琦律師

-版權聲明

定　　　價：350 元

發行日期：2023 年 04 月第一版

◎本書以 POD 印製